Erich Marcks

Fürst Bismarcks Gedanken und Erinnerungen

Versuch einer kritischen Würdigung

Erich Marcks

Fürst Bismarcks Gedanken und Erinnerungen
Versuch einer kritischen Würdigung

ISBN/EAN: 9783743387041

Hergestellt in Europa, USA, Kanada, Australien, Japan

Cover: Foto ©ninafisch / pixelio.de

Manufactured and distributed by brebook publishing software (www.brebook.com)

Erich Marcks

Fürst Bismarcks Gedanken und Erinnerungen

Fürst Bismarcks

Gedanken und Erinnerungen.

Versuch einer kritischen Würdigung.

Von

Erich Marcks.

Berlin.

Verlag von Gebrüder Paetel.

1899.

Vorwort.

Ich habe im Aprilheft und im Maiheft der „Deutschen Rundschau" zwei längere Abhandlungen über „Bismarck und die Bismarck-Literatur des letzten Jahres" [1] veröffentlicht, deren Hauptinhalt eine Besprechung der „Gedanken und Erinnerungen" des Fürsten bildete. Daß eine solche Besprechung heute weder im Einzelnen noch im Allgemeinen abschließend sein kann, habe ich natürlich sehr wohl gewußt: aber nicht minder deutlich war und ist es mir, daß wir trotzdem bereits heute versuchen müssen, alle die Probleme anzurühren, die uns das Buch des großen Todten stellt. Es ist da und zwingt unser Empfinden wie unser Denken in seine Kreise hinein: wir müssen uns mit ihm auseinander-setzen. Die Zukunft wird es immer von Neuem thun; sie wird genauere Controle üben können;

---

[1] 25. Jahrgang, 7 und 8, Seite 37—65, 242—279, vgl. 316 f.

sie wird auch an der ganzen Erscheinung des Ge=
waltigen, dessen „heroisches" Bild seine Denk=
würdigkeiten sind, das entscheidend Charakteristische
weit leichter und schärfer hervorheben können, als
wir, die wir ihm nahe sind und denen sein Wesen
wohl in manchem Sinne vertrauter, aber eben darum
auch so viel selbstverständlicher ist, als es der Nach=
welt sein wird. Seine politische Weltansicht und
Moral, seine historische Bedingtheit und seine Eigen=
art wird sich für diese immer klarer auslösen, und
jede neue Generation wird sich die Probleme neu
zurechtlegen, je nach ihrem eigenen Lebensinhalt, und
sie immer von Neuem vertiefen und erweitern. Das
erspart uns die Pflicht nicht, dem Manne und
seinem Werke und auch diesem seinem Buche gegen=
über, auch unser Bestes bereits zu thun, uns selber
die Wege durch seine Welt und seine Schilderung
zu suchen. Solch ein Pfadfinder oder Wegweiser
hat meine Schrift sein wollen. Nichts lag ihr ferner
als die Sucht, Fehler um ihrer selbst willen auf=
zuspüren oder aus Fehlern, die sich dem kritischen
Blicke aufdrängen, Verkleinerung oder Anklage her=
leiten zu wollen: sie wollte pietätvolle Liebe mit
ehrlicher Prüfung vereinen und schon jetzt, so gut
wir das jetzt vermöchten oder ich es vermöchte, das
Charakteristische herausarbeiten und der Gerechtig=
keit nachstreben, die das Große an Bismarcks Er=
innerungswerke lebendig ergreift, ohne die beinah
unvermeidlichen Einseitigkeiten und Irrthümer jeder
autobiographischen Schilderung oder vollends die

schroffen, aber nothwendigen Härten dieses Titanen
zu leugnen und seine grimmigen Urtheile über seine
Gegner parteiisch zu wiederholen Es sollten einige
Anfangsschritte auf einer Bahn kritisch-aufrichtiger
Forschung sein, auf der man heute und später so
manchen weiteren Schritt wird unternehmen müssen
und auch so manchen Fehltritt nicht vermeiden
wird: im Ganzen, so vertrauen wir, muß sie unsere
Erkenntniß aber doch vorwärtsbringen.

Meine Aufsätze haben mir allerlei freundliche
persönliche Auseinandersetzungen eingetragen, mit
sachkundigen Lesern und mitarbeitenden Fach=
genossen, denen ich hier für Zustimmung, Rath
und Zweifel herzlichen Dank sagen darf; vor Allem
nenne ich die Briefe meiner Collegen Max Lenz,
Friedrich Meinecke und Theodor Schiemann und des
Herrn Obersten von Lettow=Vorbeck, sowie eine
gütige Auskunft der Frau Luise von Eisenhart=
Robell. Ich habe an den einzelnen Stellen auf sie
und andere hingewiesen.

Noch weitere Hülfe habe ich genossen, indem
ich, frühen Anregungen gerne nachgebend, mich an
die Neuherausgabe meiner Aufsätze in Buchform
machte. Seitdem ich, im März und April, meinen
ersten Text abschloß, ist auf diesem Gebiete
eine Reihe werthvoller Untersuchungen erschienen.
Max Lenz hat in der „Deutschen Rundschau" (Juni
und Juli) die auf den Krimkrieg und den 1866er
Krieg bezüglichen Abschnitte der „Gedanken und Er=
innerungen" einer tiefgreifenden Einzelprüfung von

allgemeiner Tragweite unterzogen. Otto Kämmel hat, in den „Grenzboten", neben allgemeineren Auf= sätzen [1]) eine fruchtbare Kritik des Emser Capitels veröffentlicht, General von Blume eine besondere Schrift über die Beschießung von Paris. Hans Delbrück hat in den „Preußischen Jahrbüchern", im Juniheft, über die neuere „Bismarck=Historio= graphie" (Busch, Bamberger, Blume u. A.) ge= handelt: ich kann mich mit ihm in der wissen= schaftlichen Kritik sehr wohl verständigen, muß aber doch aussprechen, daß die politische und die persönliche Gesinnung des Angriffes auf Bismarck, zu dem sein Artikel geworden ist, mir ganz fremd ist, und daß ich ihm, im Allgemeinen und im Einzelnen, vielfach zu widersprechen finde [2]).

[1]) Ueber die „Gedanken und Erinnerungen", über Abeken, früher über das Bündniß von 1879; von älteren Besprechungen citire ich hier nachträglich noch besonders die von Schiemann, im „Türmer", Januar 1899.

[2]) Herrn von Diest=Dabers wunderliche Schrift „Berich= tigung von Unwahrheiten etc. in den Erinnerungen des Fürsten Bismarck und Teutsches Rechtsbewußtsein" (Zürich, Cäsar Schmidt, 248 S.!) kann ich natürlich mit Delbrücks Aufsatz nicht in einem Athem nennen. Auf die persönlichen Beschwerden und Anklagen des alten Bismarckfeindes, der sich, wie es scheint, mit einigem Stolze als hinterpommerschen Don Quixote hat bezeichnen hören, habe ich keinen Anlaß einzu= gehen, zur Kritik der „Gedanken und Erinnerungen" gibt er herzlich wenig aus. Auch von Majunke rede ich hier nicht von Neuem. Ebensowenig — aber aus anderem Grunde — von den zahlreichen, z. Th. werthvollen Bismarckschriften anderer Art, die dieses Jahr hervorgebracht hat, wie Wunder=

Meine ältere Unterſuchung iſt durch dieſe Einzel=
ſchriften erfreulich ergänzt und erweitert, aber, wie
mir ſcheint, nicht überflüſſig gemacht worden. Sie
liegt dieſem Bändchen durchaus zu Grunde. Ich
habe ſeinen Titel nach dem Hauptinhalte, der
Würdigung der „Gedanken und Erinnerungen“, um=
geſtaltet; die Abſchnitte über Buſch und Abeken
bildeten ohnehin nur eine Art Einleitung und ſind
als ſolche ſtehen geblieben. Der Charakter des
Ganzen blieb unberührt: es handelt ſich um Auf=
ſätze, wie ſie die Gelegenheit, d. h. das Erſcheinen
des Bismarckwerkes, hervortrieb, und nicht um ein
eigentliches Buch; die zeitliche Stellung dieſer Auf=
ſätze mochte ich auch in der Neubearbeitung nicht
verwiſchen. Die Ergebniſſe der allerneueſten
Forſchungen habe ich freilich überall verwerthet,
aber in der Form von Nachträgen, meiſtens in An=
merkungen, nur hier und da auch im Texte, ſtets
ſo, daß man ſie leicht herauserkennt. Und im
Einzelnen habe ich, von mir ſelber aus, modifizirt
und verbeſſert, was ich zu verbeſſern wußte.

Zu ſeinem Theile möchte der kleine Band, der
ſo entſtanden iſt, fernerhin zur rechten und rich=
tigen Erfaſſung von Fürſt Bismarcks großer Ab=
ſchiedsgabe mithelfen, im Sinne geſchichtlichen und

lichs „Kunſt der Rede“ und dem hübſchen Stuttgarter
Bändchen über „Bismarck in der Karikatur“ oder den neuer=
lich noch wieder erſchienenen allgemeinen Gedächtniß=Aufſätzen
und =Reden, bis an die prächtige Freiburger Rede Alfred Doves
heran: hier habe ich ſie alle nicht zu verwenden.

persönlichen Verständnisses, in einem Geiste der
Treue, aber auch der Selbständigkeit, der Verant=
wortung, der Wirklichkeit, der, wenigstens seinem
Streben nach, dem hohen Erzieher unserer Nation
gewiß verwandter und seiner würdiger ist, als es
eine unbedingte und deshalb im Innersten un=
lebendige Gläubigkeit sein könnte.

Leipzig, Anfang August 1899.

Erich Marcks.

Inhalt.

In den langen Monaten, die nun seit Fürst
Bismarcks Sterbetag vergangen sind, hat der
Todte ganz so gegenwärtig inmitten unserer Gedanken
gestanden wie nur jemals in den Jahren vorher der
Lebende. In allen Aufgaben, die der Tag poli=
tisch stellte, hat man sich, ob nun lernend oder strei=
tend, immer an ihn gewandt und wird es immer
thun; und um seine Persönlichkeit und seine Ge=
schichte schlingt sich eine unablässig wachsende
Literatur. Freilich seit den ersten Stunden des
frischen Schmerzes haben sich für den, der Bis=
marcks gedenkt, die Empfindungen bereits nicht
unerheblich verschoben. Die Zeit der Nachrufe ist
heute vorbei; die Zeit der historischen Darstellungen
aber ist schwerlich schon da. Noch strömt uns neuer
Stoff für Wissen und Urtheil in Mengen zu, und
wir dürfen erwarten, daß solche Quellen sich immer
reicher und immer zahlreicher auf allen Seiten
öffnen werden. Jede neue Mittheilung aber ver=
mehrt auch die kritischen Ueberlegungen, die Fragen,

die Zweifel; heute dringen sie beinahe überstark
auf uns ein, und erst allmählich können wir hoffen,
sie recht zu klären. Gewiß wird dennoch dem Historiker dereinst all' die Literatur schon dieses Sterbe-
jahres von charakteristischem Werthe sein. Er wird
beobachten, wie sich nach dem Heimgange des Gewaltigen seine Gestalt in den Klagen und Schilderungen der erschütterten Zeitgenossen spiegelt,
wie Liebe und Haß sie beleuchten und nach ihr
greifen, wie sich dann, bei Einzelnen frühe und
allmählich immer lauter und allgemeiner, die
Stimme historischer Auffassung hinzugesellt. Am
vollsten hat da, schon im August und September,
Gustav Schmoller in seinen bedeutenden „Briefen"
über Bismarck die Persönlichkeit des Fürsten, seine
Anschauung von den inneren Aufgaben, seine wirth-
schafts- und socialpolitische Thätigkeit und deren
Wirkungen behandelt und sie von einem bestimmten
positiven Standpunkte aus, aber zugleich mit aller
Ruhe und Wärme des unbefangenen Historikers be-
urtheilt. Den Wurzeln von Bismarcks staatsmännischer Hauptleistung, dem Zusammenhange
seiner reichsgründenden Arbeit mit dem besonderen
preußischen Boden, mit seinem Preußenthume, sind
Max Lenz und der Verfasser dieser Abhandlung
nachgegangen[1]). Und Anregungen und werthvolle

---

[1]) Herr Carl Geibel (Duncker und Humblot) hat den
Gedanken gehabt, Schmollers Briefe und seinen Artikel über
die Denkwürdigkeiten mit Abhandlungen und Reden von Lenz

Formulirungen enthält so manche der Gedächtniß=
reden und =schriften. Eine ganze Gruppe von Auf=
sätzen hat sich dann um die „Gedanken und Er=
innerungen", die ja am 30. November erschienen
sind, geschlossen[1]). Gleich unter dem ersten starken
Eindrucke des Werkes ist wieder Schmoller zu einer
umfassenden Gesammtwürdigung vorgeschritten;
mit überaus tiefgreifenden Bemerkungen ist ihm
besonders Friedrich Meinecke in seiner „Historischen
Zeitschrift" (82, 282 ff., Januar 1899) nachgefolgt.
Anregungen wird man gern auch aus der ein=
gehenden und, nach seiner wohlbekannten Art,
durchweg klugen und interessanten Kritik ent=
nehmen, die vom Standpunkte des Parteimannes
aus, mit unverhohlener Abneigung, ein alter poli=
tischer Gegner wie L. Bamberger an dem Buche
und seinem Verfasser geübt hat[2]). Man wird ihr

und mir in einem Bändchen „Zu Bismarcks Gedächtniß" zu=
sammenzufassen, das ich hier nennen darf und muß, weil
meine Darlegungen auch an dieser Stelle natürlicher Weise
mannigfach darauf zurückweisen werden.

[1]) Ich zähle sie nicht alle auf, einige werde ich gelegent=
lich berühren, die nach meiner Abhandlung erschienenen hat
das Vorwort zu erwähnen gehabt. Nur eben nennen darf ich
die Besprechungen von P. M. (doch Majunke?) in den historisch=
politischen Blättern für das katholische Teutschland, 123 S.
120 ff., 284 ff., 651 ff. Es fehlt in ihnen nicht völlig an zu=
treffenden Ausstellungen, aber als Ganzes sind sie seicht und
gehässig, ohne Verständniß und ohne wirklichen Werth.

[2]) Ludwig Bamberger, Bismarck=Posthumus, Berlin 1899,
Sonderabdruck aus der Wochenschrift „Die Nation". Das

1 *

innerhalb aller der übrigen Aeußerungen ihr Stück
Berechtigung und selbst Nothwendigkeit zuerkennen,
auch wenn man meint, daß ihr skeptischer Scharf=
blick Dinge und Beweggründe viel zu klein sieht,
und daß auch die Kritik schließlich nur Leben stiften
kann, wenn sie von warmer Mitempfindung, von
liebevoller Freude an der großen Erscheinung aus=
geht und gar nichts sucht als besseres Erkennen
und Verstehen, klarere Unterscheidungen, das histo=
rische Urtheil und nicht den politischen Kampf.
Unser persönliches Gefühl auszuschalten, sind wir
sicherlich alle außer Stande, und ich würde gar
nicht wünschen, es zu thun; möge ein Jeder sich
ehrlich Mühe geben, dennoch bereits heute so klar
und so weit zu schauen wie seine Augen es ver=
mögen. Aufgaben genug stellt Bismarcks Leben
und Wesen uns schon jetzt; schon sind bedeutsame
Fragen aufgeworfen worden: ihnen und ähnlichen
erörternd nachzugehen, ist die Absicht dieser Seiten.
Eine eigene positive Schilderung wagen sie noch
nicht. Sie knüpfen ihre kritischen Erwägungen an

lobende Urtheil Delbrücks (S. 466) kann ich so nicht über=
nehmen, auch wenn ich die Feinheit und Schärfe von Bam=
bergers Geist, die Einheit und Echtheit seines Wesens ganz
anerkenne. Sein Verhältniß zu Bismarck von seinem „Mon-
sieur de Bismarck" an, jener Charakteristik aus dem Jahre
1867, die es unternahm, das Wesen des soeben glorreich Empor=
gestiegenen literarisch und zumal für das Ausland, für Frank=
reich, zu entdecken, bis zu dieser seiner letzten Schrift, könnte
den Gegenstand einer interessanten Studie bilden: im Grunde
ist es sicherlich immer das gleiche geblieben.

die literarischen Gaben dieses Jahres an. Gewiß,
die Fragen, die wir an beide stellen, an den Mann
und an die Ereignisse, stammen nicht erst aus den
letzten Monaten; aber die neuen Veröffentlichungen
dieser Monate haben sie erneuert, erweitert und
vertieft, und die Besten von denen, die zu jenen
Veröffentlichungen das Wort ergriffen, haben auch
diese Probleme von Neuem erkannt und gefördert.
Auch bei solcher Untersuchung steigt doch die ganze
Gestalt des großen Menschen vor dem Betrachten=
den auf: wie man sich ihm auch nähern mag,
immer ragt er riesenhaft empor. Vielleicht, daß
sich dieser und jener Zug dem wahrhaftig Forschen=
den anders, eigener, schärfer zeigt, als ihn die
unwillkürliche Anschauung der Meisten früher zu
sehen gemeint hat; kleiner wird darum nichts an
ihm, und seine Wirkung auf unsere Welt bleibt
für jeglichen Betrachter unermeßlich stark.

I.

Busch und Abeken.

Die erste jener Veröffentlichungen bildeten die
Tagebücher von Moritz Busch.

In der Bismarck=Literatur ist Busch ja ein
alter Bekannter. Seine Aufzeichnungen über Graf
Bismarck und seine Leute während des französischen
Feldzuges haben 1878 zum ersten Male einen
tieferen Blick in die tägliche Welt des Kanzlers er=
öffnet; er hat dann weitere Erinnerungen und

Schilderungen folgen lassen, und man wußte, daß
seine Feder Bismarck auch in der Tagespresse
mannigfach gedient hat. Jetzt erschien, durch eine
Publication des Abschiedsgesuches von 1890, die
ein Berliner Blatt unmittelbar nach des Fürsten
Tode brachte, und durch eine kleinere, politisch=
polemische Broschüre in deutscher Sprache ange=
meldet, zuerst in englischer Uebersetzung, später in
der deutschen Urform, das dreibändige Hauptwerk[1]).
Es wiederholt und ergänzt zunächst die alten Mit=
theilungen aus dem siebziger Kriege. Busch war
damals, seit Februar 1870, als publicistischer Ge=
hülfe dem Auswärtigen Amte beigegeben und hat
diese Stellung drei Jahre lang innegehabt; seit
dem Sommer 1871 hatte er allerdings die persön=
liche Beziehung zu seinem „Chef" fast verloren.

---

[1]) Bismarck. Some secret pages of his history. Being
a diary kept by Dr. Moritz Busch. London, bei Macmillan,
erschienen September 1898. Kurz vorher: „Bismarck und sein
Werk". Leipzig, S. Hirzel. Dann, im Frühjahr 1899,
„Tagebuchblätter", Leipzig, Grunow, 3 Bände. Ich habe das
Verhältniß der deutschen zur englischen Ausgabe in einer An=
zeige (Deutsche Rundschau, Maiheft, S. 316) besprochen: für
wissenschaftliche Zwecke bleibt es überall durchaus nothwendig,
beide zu befragen; ganz vollständig sind beide nicht. Werth=
voll sind in der deutschen die Anmerkungen Kaemmels. —
Vergl. die Anzeigen bei Kohl, Bismarck=Jahrbuch 6, 314 ff.,
Joh. Grunow, Buschs Tagebuchblätter und die deutsche Presse,
Mai 1899, vor Allem Georg Kaufmann, Litt. Centralblatt
1898, 46 (November). Und die Bestätigungen in Schweningers
Schriftchen „Dem Andenken Bismarcks", Hirzel, April 1899.

Er blieb auch künftighin zu dessen Verfügung und wurde durch Bucher gelegentlich zu Hülfeleistungen in der Presse verwandt; häufiger geschah das erst wieder seit der langen Kanzlerkrise von 1877. Damals trat Busch dem Fürsten wieder näher, und von da ab ist er bis 1890 so manches Mal von ihm empfangen und instruirt worden. Er hat ihn in Berlin, Varzin und Friedrichsruh aufsuchen dürfen, in Friedrichsruh zuletzt wieder nach der Entlassung; im Mai 1893 schließt er sein Tage= buch ab. Es ist für die ersten Jahre zusammen= hängend, am werthvollsten ist es für die Kriegszeit; von 1873 ab weiß es nur von gelegentlichen Ge= sprächen zu berichten, die indessen doch alle wich= tigsten Phasen von Bismarcks späterer Thätigkeit begleiten und commentiren.

Das Buch über „Graf Bismarck und seine Leute" ist allbekannt: es umspannt eine unver= gleichlich anziehende Zeit und innerhalb deren in buntester Fülle alle Gebiete der politischen Arbeit und alle persönlichen Lebensäußerungen des Ministers. Von 1871—73 sinkt der Inhalt erheb= lich; der Fürst tritt zurück, das Auswärtige Amt tritt vor; Busch erzählt von dessen äußerem Da= sein, von seinen Persönlichkeiten, von den ein= laufenden Acten, die er in die Hände bekommt, von französischer und römischer Politik, von der officiösen Preßthätigkeit, die er zu leisten hat. In alledem ist vielerlei Interessantes; man ist über den vielseitigen und starken, activen Antheil er=

staunt, den der Kanzler an der Presse nimmt: er
selber arbeitet mittelbar und gelegentlich unmittel=
bar mit. Den Vordergrund aber füllen hier weit
kleinere Dinge; den Grundton von Buschs Dar=
stellung geben für diese Jahre die persönlichen Feind=
seligkeiten unter den Beamten des Ministeriums.
Abeken, Keudell, Hatzfeld, Aegidi und so viele
Andere erfahren die Angriffe des Tagebuchschreibers,
und hinter ihm steht dabei sein Freund Lothar
Bucher. Seinen Freund muß man ihn doch wohl
wirklich nennen; die Zeugnisse persönlichen Ver=
trauens, die Bucher dem kleinen sächsischen Literaten
gewährt hat, und zwar durch zwei Jahrzehnte hin=
durch gewährt hat, sind ganz unanfechtbar. Bucher
ist oft als der stille Mitarbeiter Bismarcks, als
der vielleicht bedeutendste seiner Gehülfen gerühmt
worden: eine scharfe, nüchterne, kritische Natur,
von treffender Klugheit und durchdringendem Wirk=
lichkeitssinne — einer der Wenigen, vor denen der
große Menschenverächter wahre Hochachtung hatte.
Wir erblicken hier Einiges von seinen Beziehungen
zu Bismarck. Sie sind offenbar im Sachlichen eng
gewesen, wenigstens in außerpolitischen Dingen,
und auch persönlich fühlten sich die Beiden wohl
verwandt und einander verbunden. Bucher hat
von entscheidenden Staatsgeheimnissen seines Herrn
gewußt, hat dessen Gegner, auch die höchststehenden,
in Bismarcks Sinne literarisch angegriffen und
offenbar ehrlich mitgehaßt, und dem Gestürzten
hat er die Treue bewahrt bis an den eigenen Tod.

Trotzdem behält man den Eindruck, daß der Kanzler und sein Geheimrath durch eine ziemlich breite Kluft getrennt geblieben sind. Der Eine blieb der große Herr und der Vorgesetzte; der Andere, der Demokrat von 1848, sah wohl mit Sympathie und Bewunderung auf den Genius, aber in dessen engeren Kreis durfte er, wenigstens damals, doch wohl nicht eintreten, weder in gemüthlicher noch in gesellschaftlicher Hinsicht. Er hielt sich, allezeit selbstbewußt, zur Seite, ließ auch an seinem Meister manchmal seinen Tadel aus: neben dem schöpferischen Geiste der kritische; und die vornehme Welt, in deren Mitte er arbeitete, war nicht die seine. Er stand zu manchen Angehörigen seines Herrn in einem deutlichen Gegensatze, und vollends dessen diploma= tische Umgebungen beurtheilte er mit schneidender Schärfe. Er galt sich selber offenbar für sachlicher, fleißiger und klüger als sie; er hatte für ihre Schwächen das feinste Auge und den bittersten Spott. Dabei nun zieht er Busch, als den ihm social und literarisch Nächsten, dicht an sich heran, und die Reibungen und Nebenbuhlerschaften im Auswärtigen Amte, die unablässige und meist herz= lich unerfreuliche Kritik an Allen um ihn her nehmen in Busch's Aufzeichnungen einen breiten Raum ein.

Busch selber fühlt sich in diesem Klatsch wohler, als man wünschen möchte. Ein Mann, der auf weiten Reisen viel von der Welt gesehen und be= schrieben, für die deutsche Erhebung zu seinem

Theile redlich mitgearbeitet, Bismarcks Größe
ziemlich früh erkannt hatte; ein geschickter Schrift=
steller, der einem anspruchsvollen Auftraggeber, wie
es Bismarck wahrlich doch war, brauchbar er=
schienen ist — das beweisen die Thatsachen; ein
Beobachter von unzweifelhafter Schärfe und Treue
des Blickes und des Gedächtnisses, von erstaunlicher
Arbeitskraft in der raschen schriftlichen Festhaltung
seiner Eindrücke und von ganz erheblicher Fähigkeit
in ihrer Wiedergabe. Allerdings ein kleiner Mensch.
Ich brauche über die Art, wie er, als Beamter zuerst
und später als Vertrauensmann des Fürsten, Acten
für sich selber abschrieb und wie er sie dann ver=
werthet hat, nicht zu urtheilen; ich weiß nicht
genau genug, wie weit er dabei seine Befugnisse
überschritten hat. Aber auch ein zurückhaltender
Beurtheiler wird Zeit und Ort und Weise seiner
1898er Veröffentlichungen auf das Schärfste miß=
billigen. Der hämische Ton, den Busch so gern
anschlägt, verstimmt und empört den Leser. Es
fehlt Busch, der seiner höhergeborenen Umgebung
im Kanzlerpalais offenbar mit ähnlichen, nur un=
gleich gröberen Empfindungen wie Bucher gegen=
überstand, weil er unter diesen Diplomaten und
Beamten äußerlich doch ganz der kleine Mann war
und den Gegensatz mit derbem Selbstbewußtsein
spürte, es fehlt ihm vor Allem doch an jeder inner=
lichen Vornehmheit. Die souveräne Menschenver=
urtheilung Bismarcks wird in seinem Bewunderer,
der sie nachmachen zu dürfen glaubt, oft zu einer

plumpen und boshaften Ueberhebung, die man mit
Widerwillen erträgt. Ich wage nicht zu entscheiden,
welchen Antheil an seinen neuesten Publicationen
selbstsüchtige Beweggründe, wie Gewinnsucht und
mindestens Eitelkeit, etwa gehabt haben mögen.
Aber bei alledem stehe ich nicht an, die Anklage,
als habe er seinen Herrn damit „verrathen", rund=
weg abzulehnen. Ich habe den Eindruck, daß Busch,
mag er Nebengründe gehabt haben, bei seinen
Büchern überzeugt gewesen ist, dem verstorbenen
Meister zu dienen; daß er Bismarck unbedingt
ergeben gewesen und geblieben ist, und daß seine
Berichterstattung im Wesentlichen treu ist[1]). Irr=

---

[1]) Herr Joh. Grunow glaubt, auch im Gegensatze zu
diesen meinen Aeußerungen, über Busch günstiger urtheilen zu
sollen. Er bestreitet nach vieljährigem Verkehr mit Busch, daß
dieser als Geschäftsmann gehandelt habe: die anstößige Schnellig=
keit von Buschs 1898er Veröffentlichungen, seinen Abschluß
mit einem ausländischen Verleger schiebt er auf politischen
Haß, der in jedem Falle und bald zu Worte kommen wollte
und dem blindlings verehrten Staatsmann mit solchen Rache=
thaten zu dienen meinte. Ich gebe gern zu, daß nähere Be=
kanntschaft wie stets auch hier mancherlei erläutern und somit
mildern mag. An meinem Text habe ich aber nichts zu ändern
gefunden. Die harten Anschuldigungen Delbrücks (463, 467 ff.)
vermag ich mir nicht anzueignen; von Buschs erfolgreichem
„Erpressungsversuche" bei Bismarck hat er mich bisher nicht
überzeugt. Uebrigens ersucht mich die Firma F. A. Brockhaus,
in ihrem Namen zu erklären, daß die von Delbrück herüber=
genommene Erzählung Bambergers (S. 38), wonach Brockhaus
einmal mit Busch und mit Bismarck über eine Publication aus
Buschs Aufzeichnungen verhandelt habe — eine Angelegenheit,
die Delbrück mit jener Erpressung Buschs in Verbindung

thümer sind bei Aufzeichnungen von Gesprächen nie
ausgeschlossen, Busch hat in späteren Zeiten an
Schärfe des Gehörs und vielleicht auch der all=
gemeinen Auffassung verloren, und wenn er aus
großen Schriftstücken neben oder nach dem Lesen
sich Notizen machte, so mußte er das manchmal
in Eile thun: es sind ihm Fehler begegnet, und
seine Freude am Gehässigen mag ihn von jeher ver=
leitet haben, scharfe Worte so wiederzugeben, daß
sie gelesen noch schneidender erscheinen, als sie der
Redende aussprach. Ohne Kritik sicherlich wird
man Bücher dieser Art nie aufnehmen dürfen. Das
aber muß doch gesagt werden: wir haben allen
Anlaß, bei Busch die Absicht der richtigen Wieder=
gabe vorauszusetzen, und sogar allen Anlaß, seine
Wiedergabe im Ganzen für treffend zu halten. Für
seine ehrliche Absicht scheint doch zu sprechen, daß
er sich selber in seinen Referaten nicht schont. Er
hatte bereits früher harte Worte, die der Kanzler
an seine eigene Adresse richtete, mit aufgezeichnet
und abgedruckt, und das zu einer Zeit, wo Bis=
marck noch lebte, und wo es dieser indirecten Be=
glaubigung für ehrliche Berichterstattung der Welt
gegenüber also schwerlich bedurfte. Er hat auch

bringt — völlig irrthümlich sei: Beziehungen solcher Art hätten
niemals bestanden. Während des Druckes erscheint ein Artikel
von Sammwer, „Nation", 12. August. Er mahnt zur Vorsicht
gegen Aussagen Buschs über sich selber und berührt die Er=
pressungsgeschichte, ohne sie ganz zu erledigen. Von Erpressung
wäre auch nach seinen Mittheilungen kaum zu reden.

dieses Mal wieder nicht nur schriftliche, sondern
sogar mündliche und zeugenlose Kritiken Bismarcks
über die früher von ihm herausgegebenen Tage=
bücher und Charakteristiken veröffentlicht, und zwar
darunter solche, die dem Werthe seiner Schriften
zweifellos gefährlich sind. „Ihr neues Buch," sagt
ihm Bismarck 1883 über „Unser Reichskanzler",
„ist nicht so gut wie das frühere, nicht viel Neues
darin und was neu ist, das ist falsch. Sie merken
nicht mehr so gut wie früher, sind älter geworden,
und Sie wollen meinen inneren Menschen errathen
und darstellen nach fragmentarischen Beobachtungen,
die zum großen Theile Mißverständnisse sind. Sie
ziehen Schlüsse aus gelegentlichen Aeußerungen, die
Sie unter dem Tischtuche notirt haben. Ich spreche
bei Ihnen immer im Ernst, als ob ich's zu be=
schwören hätte (3, 159) . . ." „Sie müßten doch
eigentlich ein recht böses Herz haben. Sie freuen
sich jedesmal, wenn Sie was Schlimmes über
Jemand hören oder notiren können" (162). Und
vorher hat er ihm in ähnlichem Sinne geschrieben:
„Sie gehen von der Voraussetzung aus, als ob
ich bei allem, was ich je zur Unterhaltung meiner
Gäste bei Tische und im Hause in Ihrer Gegen=
wart gesagt habe, oder was Ihnen durch die Un=
zuverlässigkeit der Meldungen Dritter zugekommen
ist, stets den vollen Ernst meiner innersten Empfin=
dungen mit der Gewissenhaftigkeit eines vereideten
Zeugen vor Gericht im Auge behalte" (154). Nach=
her läßt er dann freilich, nach Buschs Bericht,

von dem angefochtenen Werke bei der Revision bei=
nahe Alles durchgehen. Ich weiß sehr wohl, daß
die Anführung jener Tadelworte Bismarcks nicht
unbedingt für Buschs Zuverlässigkeit beweist; aber
zunächst spricht sie doch immerhin dafür; und hat
man seine Glaubwürdigkeit im Ganzen wirklich
widerlegt? Ein hervorragendes Mitglied des
Friedrichsruher Kreises hat ihn kürzlich mit In=
grimm beschuldigt, seine Referate entstellten den
Geist Bismarckischer Aeußerungen durchaus. Für
den feinsten Duft der Aeußerung mag das gelten,
kann es wenigstens gelten. Aber im Ganzen erweisen
sich da, wo wir das meiste Controlmaterial besitzen,
die Erzählungen Buschs als geradezu auffallend
zuverlässig: das gilt in erster Linie für den Winter
in Versailles, über den wir jetzt recht vielseitig unter=
richtet sind; auch die Denkwürdigkeiten des Fürsten
enthalten eine Fülle von Bestätigungen [1]), und über=
all klingt aus Buschs Erinnerungen der Ton des
Bismarckischen Wortes, den doch so manches Ohr ver=
nommen hat, im Ganzen völlig überzeugend heraus.

So wird man auch für diejenigen Gegenstände,
die erst die letzten Publicationen Buschs heller be=
leuchtet haben, und für die uns die Controlmittel
wenigstens nicht so reichlich zu Gebote stehen, im
Wesentlichen seinen Angaben trauen müssen: für
die „Krisen" und die „Friktionen", in denen der
Kanzler seinen journalistischen Gehülfen zu sich

---

[1]) Sie sind jetzt im 3. Bande der „Tagebuchblätter"
580 f. ziemlich vollständig zusammengestellt.

ruft. Bismarck enthüllt ihm da in erregtem Ge=
spräche seine Kämpfe am Hofe und seine Stimmung
über sehr hohe Personen; er gibt ihm den Auftrag
zu scharfen Artikeln, und schärfere Worte fallen im
Laufe der mündlichen Unterredung. Es fällt mir
nicht ein, zu glauben, der Fürst habe in dem
Journalisten je seinen „Freund" gesehen und ihm
aus rückhaltlosem Vertrauen sein Herz ausgeschüttet.
Busch war ihm ein Werkzeug, das er verwendete;
was er ihm sagte, sagte er zu bestimmtem Zwecke,
und man muß es zunächst immer auf diesen Zweck
hin prüfen. Darüber hinaus aber sind ihm doch
offenbar, wenn er einmal sprach, die Stimmungen,
die ihn beherrschten, nicht selten auch absichts=
los über die Lippen geflossen. Er hat ja auch vor
Andern so manchesmal Sachen gesagt, die eigent=
lich streng vertraute und verschwiegene Hörer voraus=
setzten; über die Gefahr solcher Aeußerungen hob
ihn die Souveränität seines Selbstgefühls, seine
großartige „Wurstigkeit" hinweg, und vermeiden
konnte er sie einmal nicht: er war, wie er war.
Als er 1873 Indiscretionen von Busch befürchtet
(2, 399), tröstet er sich selber mit dem Satze: „Der
König weiß, daß ich viel Schlimmeres über ihn
schon geäußert habe."

Unserer öffentlichen Meinung sind diese Aeuße=
rungen, wie sie Busch jetzt publicirt hat, dann
doch überraschend gewesen; sie haben Busch gegen=
über zu Zweifeln und zu Angriffen in Menge An=
laß gegeben. Mir liegt es gar nicht am Herzen,

seine Handlungsweise zu vertheidigen. Ob seine Veröffentlichungen tactvoll und patriotisch waren, mag der Politiker erörtern; der Historiker nimmt den Zuwachs unseres Wissens als solchen dankbar hin — wenngleich ihm doch auch, gerade als Gelehrtem, die Frage nahe liegt, ob auf die Dauer nicht die Wahrheit allemal heilsamer sei als der Irrthum, und klänge er noch so angenehm. Jedenfalls, die Thatsache besteht: das Buch ist da; wir müssen es nach bestem Gewissen verwerthen. Denen, die Bismarcks Art kannten, ist die rücksichtslose äußere Schroffheit und die innere Herbigkeit seiner Urtheile doch wohl nichts Neues gewesen; von ihnen zweifelt wohl Keiner, daß er sie so oder fast so ausgesprochen hat. Und nur Eines hat der Historiker diesen Enthüllungen gegenüber unbedingt zur Geltung zu bringen: die Nothwendigkeit historischer, d. h. psychologischer Aufnahme. Ich habe die Worte angeführt, in denen Bismarck sich seinem Schriftsteller gegenüber selber verbittet, auf jede Augenblicksäußerung festgenagelt zu werden. Es versteht sich wohl im Grunde von selbst, wie man dergleichen Ausbrüche eines leidenschaftlich erregbaren Mannes zu lesen hat, auch das (so bezeichnet er selber es einmal, 2, 399, im Gespräch mit Busch), „was ich über den König und andre hohe Personen nach meiner Art gesagt habe in Aufregung und Verdruß" — man glaubt Wallenstein zu hören: „und was der Zorn und was der frohe Muth mich sprechen ließ im Ueberfluß des Herzens . . .!" Daß solche Worte nicht auf die Goldwage gelegt sein

wollen, gibt Jeder zu, und weiß Jeder aus
eigenstem Erlebniß an sich und seinen Nächsten;
wieviel man aus ihnen bei Bismarck folgern
darf, das ist noch die Frage. Ich komme bei
seinen Denkwürdigkeiten auf diese Frage zurück und
habe sie schon in meinen Bismarck=Schriften vom
vorigen Herbste zu beantworten gesucht. Der echte
Bismarck ist sicherlich in diesen scharfen Urtheilen
enthalten, aber nicht der ganze: sie wollen aus dem
Augenblicklichen in das Dauernde übersetzt, in seine
Gesammtanschauungen eingefügt und aus ihnen
heraus erläutert sein. Dann tragen auch sie ihr
Theil zur Erkenntniß seines Wesens bei. Es mag
nicht Jedermanns Sache sein, sie richtig oder sie
überhaupt zu lesen. Wer nicht mit männlicher Ge=
lassenheit, mit offenem Blicke für alles Menschliche
die Wirklichkeit dieses Wesens anzuschauen vermag,
wer sich ihren Härten nur schwächlich zu entziehen
oder sie feindselig auszubeuten weiß, der kommt
freilich für ehrliche historische Erkenntniß überhaupt
nicht in Betracht, mag er nun Bismarcks Gegner
sein oder sich für seinen Freund und Bewunderer
halten. Das sind banale Wahrheiten; wie oft aber
haben wir sie in diesen Monaten verletzen sehen!
Ich kann von diesem Standpunkte aus die Auf=
zeichnungen Buschs nur als kostbare Zeugnisse be=
zeichnen, die — ganz abgesehen von den Docu=
menten, die er beigibt — unsere Anschauung durch
eine Fülle frappanter Augenblicksbilder bereichern
und beleben. Wir sehen den Kanzler in Versailles,

Berlin, Varzin und Friedrichsruh, bei der Tafel und im Arbeitszimmer, lässig und absichtsvoll, liebenswürdig und furchtbar, frei und heiter von Vergangenem, Unwesentlichem, Fernem plaudernd, und in der nächsten Minute wieder von dem Bewußtsein seines rastlosen Lebenskampfes gepackt; frühe, schon auf der Höhe des siebziger Sieges, von Schwermuth und Weltverachtung heimgesucht, und gleich wieder angespannt und grimmig thatenfroh. Wir sehen seinen Groll und seine Kampfesmittel, die kleinen wie die großen; wir gewinnen immer sicherer die Ueberzeugung, wenigstens in den einen Raum, wenn auch nicht den besten und nicht den wichtigsten, seiner Werkstatt zu blicken, indem er mit Busch verhandelt; es ist nicht seine ganze Welt, bei Weitem nicht, aber es ist ein Stück von ihr, und angefüllt ist es von greifbarem Leben: dem Leben mit all' seinen unvereinbaren und dennoch wirklichen Widersprüchen, seinen Schärfen und seinen Nuancen. Unter den Bismarck-Quellen, die wir bis jetzt besitzen, ist, wenigstens für die siebziger und achtziger Jahre, keine, die so viel persönliches Leben ausströmte wie diese.

Ueberaus werthvoll ist die stoffliche Bestätigung und die geistige Ergänzung und Berichtigung, die Buschs Tagebücher gerade für ihren inhaltreichsten Abschnitt durch die Briefe Heinrich Abekens erfahren [1]). Abeken ist dem deutschen Publikum früher

---

[1]) Heinrich Abeken. Ein schlichtes Leben in bewegter Zeit. Aus Briefen zusammengestellt. Berlin, Mittler. 1898. (1809—1872.)

hauptsächlich aus Buschs erstem Buche und zwar
nicht eben vortheilhaft bekannt gewesen; Busch hat
den kleinen, ästhetisch schwärmerischen Geheimrath
oft genug mit geringschätzigem Spotte bedacht.
Busch ist in seiner politischen Weltansicht ganz
Schüler Bismarcks, der seinem Meister überall und
immer unbedingt Recht gibt; er ist daneben welt=
licher und wohl auch gescheiter als Abeken, der
zart gestimmte Sohn einer älteren Epoche. Und
doch, wie entschieden drängt jetzt die Persönlichkeit
des Verspotteten, wie sie aus seinen Briefen
spricht, diejenige seines Kritikers in den Hinter=
grund, mit reiner und echter Vornehmheit, die bei
Abeken auch die Schwächen adelt und sein mildes,
ja vielleicht etwas harmloses Urtheil so einfach sieg=
reich macht! Abeken ist, inmitten des realistischen
Kreises um Bismarck, ein Mensch unseres literari=
schen Zeitalters. Er ist Theolog, Prediger, Archäo=
log gewesen, ehe er (1848) Diplomat wurde, hat
Bunsen und Friedrich Wilhelm IV. nahe gestanden
und öffnet uns lehrreiche Blicke in ihre Em=
pfindungswelt; er ist dann aus innerer Neigung in
den politischen Beruf übergetreten und hat in ihm
vierundzwanzig Jahre lang redlich und tüchtig ge=
arbeitet, ohne jemals die geistigen, künstlerischen,
religiösen Interessen zu verlieren, die seinem Herzen
das Werthvollste waren. Er hat eine merkwürdige
Anpassungsfähigkeit und eine unerschöpfliche Neigung
zum Bewundern: Brandenburg, Radowitz, Bis=
marck — er rühmt sie alle, und preist Bismarck

und die Königin Augusta in demselben Briefe; mit
Manteuffel zusammen hat er 1850 die Reise nach
Olmütz gemacht. Er sehnte die Versöhnung der
Confessionen herbei; er löste sich harte Gegensätze
gern auf und milderte sich alles scharfe Licht durch
Vorhänge und Brillen. Höchst eigenthümlich ist
da sein Verhältniß zu Bismarck. Er selber war
alles Andere eher als ein Mann der selbständigen
That; aber er wußte ihn, da er nun seinen Weg
kreuzte, verständnißvoll zu würdigen und ihm zu
dienen. Seine Urtheile aus der Conflictszeit zeigen
einen gesunden Sinn. Seine Leistungen müssen
doch keineswegs unerheblich gewesen sein, Bismarck
hätte ihn sonst nicht ein Jahrzehnt lang als täglichen Mitarbeiter beibehalten. Er hat nach Abekens
Tode im Abgeordnetenhause den Verlust, den dieser
Tod ihm bedeute, nachdrücklich betont; und wenn
er Busch gegenüber nur die Routine und den stets
fertigen Phrasensack seines Geheimraths hervorhob,
wenn er dessen persönliche Schwächen manchmal
verspottete, so ist das bei der Verschiedenheit ihrer
Naturen und bei Bismarcks Art kein Wunder, aber
es ändert doch nichts an der Thatsache, daß er ihn
brauchbar fand und ungern entbehrt hat. Abeken
seinerseits folgte dem Riesenschritte seines Ministers
mit einer staunenden Anerkennung und zugleich
mit einer leisen und leise wachsenden Beimischung
von Kritik, die bei ihm etwas Rührendes hat.
Er wurde dem Könige Wilhelm auf dessen Reisen
als diplomatischer Gehülfe mitgegeben und ver-

mittelte noch in Versailles häufig den Verkehr
zwischen Herrscher und Kanzler. Er sah dort alle
Schwierigkeiten und Kämpfe ihres Verhältnisses
aus nächster Nähe, litt unter der Gereiztheit und
Schroffheit des gewaltigen Staatsmannes und schalt
sich selber, wenn er einmal geneigt war, sie ihm
übel zu nehmen: er fand sie inmitten einer furchtbaren Belastung mit Thätigkeit und Verantwortlichkeit begreiflich genug. Ihn selber zogen die ein-
facheren Naturen des Königs und Moltkes unmittelbarer an; er würdigte auch die Lage des
Königs parteilos und fein. Wie in seiner Thätigkeit, so ist er in seinem vertrauten Urtheile, in den
Briefen an seine Frau, voll von ausgleichendem und
mildem Wohlwollen. Es ist in diesen Monaten
harten, äußeren und innern Ringens im deutschen
Hauptquartier ein besonders anziehender und ein
wahrhaft erquickender Anblick, wie dieser feinfühlige
und feingebildete Mensch durch die Gegensätze hin-
wandelt, die ihn ja — das weiß er selber recht
gut — hoch überragen, und wie er seine Eindrücke
innerlich durcharbeitet und für sich selber festhält:
discret, bescheiden, selbstlos und klug, und schließlich doch gerechter und deshalb objektiv richtiger
als alle die Leidenschaftlichen ringsum. In Bismarck hat er längst die „eiserne Natur" erkannt,
„körperlich und geistig zum Herrschen geboren". Er
staunt über sein Wissen, sein Gedächtniß, seine
Genialität, seine machtvolle Sicherheit im Treffen
des Entscheidenden, in der Verfolgung seiner Bahnen,

die ihn dann auch über Anstöße und Fehler hinweg zum endlichen Siege führt [1]). Er beklagt seine Ruhelosigkeit, seine autokratische Geschäftsführung, und würdigt doch die Heilsamkeit auch dieser un= bequemen Eigenschaften; und über die Steine, die sich der Gewaltige, nach dem Zwange seiner Natur, selber in den Weg wirft, macht er tiefdringende und lehrreiche Bemerkungen [2]). Denjenigen, der historisch zu sehen bestrebt ist, wird dieser stille Beobachter aufklären und bestärken; neben dem inhaltlich zweifellos bedeutenderen Tagebuche und der kräftigeren Einseitigkeit Buschs ist sein Werth groß: erst beide zusammen geben das volle Bild; aber daß Busch dasjenige, was er sah und hörte, richtig referirt hat, wird auch durch Abeken, wie durch jede Aufzeichnung und jede Erinnerung aus diesem Kriegswinter lediglich bestätigt.

Und nun hat ja seit dem Erscheinen von Buschs Tagebüchern Fürst Bismarck selber das Wort ergriffen und auch die Fragen, die Busch wieder aufgerührt hatte, seinerseits besprochen. Der Sommer und Herbst 1898 haben uns neue Briefe

---

[1]) „Es ist eine große Sache, wenn man die Kühnheit hat, sich um eigene, vergangene Fehler und Irrthümer nicht zu kümmern! Regrets kennt er, glaube ich, gar nicht." (1. Febr. 1871, S. 500.)

[2]) „— Menschen, die wegen ihrer Stellung oder ihres Charakters sich die Sachen nicht vom Herzen wegsprechen können. Er spricht sich die Sachen höchstens immer noch mehr ins Herz oder in den Kopf hinein." (24. Januar 1871, S. 490.)

des Kanzlers[1]), der Winter hat uns seine „Ge= danken und Erinnerungen" gebracht. Alles Andere, so bedeutsam es bleibt, trat hinter das eigene Werk des Kanzlers zurück.

II.
Die Gedanken und Erinnerungen. — Kritische Pflicht.

Es ist oben auf die öffentlichen Erörterungen wenigstens hingedeutet worden, die sich alsbald an das Erscheinen des Bismarck=Buches angeknüpft haben. Natürlich, daß die Parteien um den Todten kämpfen, wie einst um und wider den Lebenden. Dieser Stahl wird immer die Funken sprühen machen. Aber auch vielen Tausenden von Einzelnen ist das Buch sicherlich zu einem Erlebniß geworden.

---

[1]) „Bismarck=Jahrbuch", Band VI, erste und zweite Lieferung (Göschen; die Schlußlieferung hat (im März 1899) noch einige Nachträge hinzugefügt). — „Bismarck=Briefe". Siebente Auflage (Velhagen und Klasing; mit werthvollen neuen Familienbriefen besonders an den Bruder). — „Gedanken und Erinnerungen. Von Otto Fürst von Bismarck." (Cotta. Zwei Bände.) Sämmtlich herausgegeben von Horst Kohl. Dazu (März 1899) Kohls „Wegweiser durch Bismarcks Gedanken und Erinnerungen" (Göschen), ein Buch, dessen einseitiger „Ortho= doxie" die wissenschaftliche Kritik lebhafte Einwendungen nicht erspart hat. Auch ich treffe in der Art des Urtheilens und in den Einzelurtheilen mit dem verdienten Bismarck=Forscher, meinem verehrten Freunde, diesesmal nicht ganz zusammen; ich meine darum nicht minder gut bismarckisch zu sein als er.

Ich habe mich bemüht, in engeren Kreisen seinem
Eindrucke nachzufragen, und fand ihn überall sehr
stark, im Uebrigen so verschiedenartig wie möglich.
Ich bin vorsichtiger Skepsis, entschiedener Abweisung
begegnet, in überwiegendem Maße allerdings einer
hingerissenen Bewunderung. Bei Frauen und
Männern dasselbe Gefühl: das einer packenden Ge=
meinschaft mit dem Gewaltigen; man durchwandert
mit ihm, an seiner Hand, in seiner persönlichen
Nähe dieses Leben ohne Gleichen; man genießt sein
Vertrauen und gehorcht der Wucht seines Ein=
flusses, empfindet die Leiden und Kämpfe, die er
erzählt, den Zorn, der ihn noch immer erfüllt, in
tiefer und dankbarer Hingebung mit ihm, und
keine andere Regung kommt daneben auf. Einer
so einmüthigen Stimmung urtheilsfähiger Menschen
gegenüber, deren Urtheil er sonst nahe zu stehen
pflegt, ist der Historiker, zumal da er den Gesammt=
eindruck von wahrer und starker Größe mit ihnen
theilt, mit seiner Art zu sehen und zu denken,
mit seiner — wenn man es so nennen will —
Fachkritik in unbehaglicher Lage. Ich habe der
Kritik, die in mir selber sofort aufstieg, mißtraut
und habe es mit Freuden begrüßt und es völlig
verstanden, daß auch sachkundige Gelehrte zunächst
nur das Große und Volle an Bismarcks hinter=
lassenem Geschenke ergriffen und dargestellt haben.
Mancherlei aber an den Auslassungen, die da in
die Oeffentlichkeit kamen, ist mir doch bald bedenk=
lich erschienen. Nicht ohne eine leise Verwunderung

habe ich gelesen, wie ein geistreicher Fachgenosse die
Denkwürdigkeiten als ein Kunstwerk feierte, in
dessen Genusse man schwelge, als eine welthisto=
rische That zugleich und als eine künstlerische
Schöpfung, deren Werth Alles übertreffe, was der
alte Kanzler, wenn er nach 1890 im Amte ge=
blieben wäre, statt dieses schriftstellerischen Werkes
an staatsmännischen noch hätte vollbringen können [1];
oder wie ein Anderer, in einer durchaus werthvollen
Würdigung, dieser wirklichen Geschichte, die hier
zum ersten Male unverhüllt hervortrete, das bisher
Bekannte als „die conventionelle, die Hurra=Ge=
schichte" der Zeit gegenüberstellte. Sollte da nicht
die Uebertreibung weitergehen, als wir wünschen
und dulden können? Ist denn die Darstellung Bis=
marcks, einmal, wirklich so überraschend neu? Haben
wir nicht Roons unendlich inhaltreichen und über=
dies weit verbreiteten Briefwechsel, auch und gerade
mit Bismarck, haben wir nicht das Tagebuch des
Kronprinzen aus den Kriegsjahren, eine Fülle
anderer Correspondenzen und Actenstücke, vor Allem
aus Bismarcks eigenstem Kreise und von seiner
eigenen Hand, die kostbaren urkundlichen Ent=
hüllungen des Bismarck=Jahrbuchs, längst besessen
und verwerthet? eine Menge von Aufklärungen gerade
über jenen steten persönlichen Kampf, der das Werden

---

[1] Siehe dazu jetzt Delbrücks Entgegnung im Juniheft
der Preuß. Jahrbücher 466 f.: auch damit kann ich nicht über=
einstimmen, so gern ich ihm zugebe, daß Begeisterung und
Kritik einander nicht auszuschließen brauchen.

unseres Reiches, das Dasein seiner großen Schöpfer
begleitet hat? Seit vielen Jahren bereits hat
Fürst Bismarck selber, in hundert wohlbekannten,
persönlichen Aeußerungen, mit stark betonter Ab=
sicht, diese Kehrseite der Ruhmeszeiten scharf be=
leuchtet. Oder kennt wirklich nur der Historiker
bisher diesen großen, in so vielen ursprünglichen
Zeugnissen längst vor uns liegenden Stoff? Und
sicherlich hat er nicht allen Anlaß, sich dieses Stoffes
jetzt, nach dem Gebote seiner Wissenschaft, besonders
lebhaft zu erinnern? Soll und muß er ihn nicht
gerade verwerthen, um die neue Erzählung Bis=
marcks daran zu prüfen? Denn ohne Prüfung
wird er doch wohl auch die gewaltigste Darstellung
nicht zu lesen vermögen; ich meine, er kann auch
die Denkwürdigkeiten des Mannes, der ihm als
sein Heros und als sein Lehrer wie kein Anderer
gilt, nicht anders lesen als mit seinem ganzen
Wesen, mit der ihm natürlich und nothwendig ge=
wordenen Art von Prüfung, von Kritik, die er
doch nicht beliebig ablegen kann, um ihr erst dann
ihr Recht zu lassen, wenn die Begeisterung das
ihrige genossen hat. Wir stehen jetzt und allezeit
unter der Weihe des hohen Namens, unter der Ehr=
furcht, die der Genius gebietet, und suchen wahrlich
keine Krittelei. Wir wollen dieses Werk betrachten,
wie es uns Gewohnheit und Pflicht ist; und nicht,
daß ich dies zu thun versuche, werde ich zu ent=
schuldigen haben, sondern nur, daß ich es heute
noch sehr unvollkommen zu thun vermag. Die

Fragen, die Bismarcks Erzählung aufrührt, lassen
sich heute noch nicht erschöpfen, ja sicherlich noch
lange nicht einmal alle erkennen und aufstellen. Ich
will sie, nicht in systematischer Analyse des Werkes
und seiner Eigenschaften, sondern derart in das
Auge fassen, daß ich den Abschnitten der Denk=
würdigkeiten folge und für jede Epoche und Gruppe
das Wesentliche ihres Inhaltes und seiner Auf=
fassung davon heraushebe und untersuche: dabei
ergeben sich die allgemeinen Eigenschaften des
Buches, die allgemeinen Probleme der Persönlich=
keit, des Lebensganges von selbst; und von selber
schließt sich am Ausgange die Untersuchung zu
einer Art vorläufiger Gesammtcharakteristik zu=
sammen.

III.

Entstehung. Form. Zuverlässigkeit des Einzelnen.

Wir wissen leidlich gut, wie die „Gedanken
und Erinnerungen" entstanden sind. Schon als
er 1877 an seinen Rücktritt dachte, plante Bismarck
für die Zeit der Ruhe Memoiren, und Lothar Bucher
sollte ihm dabei behülflich sein. 1890 ist beides
zur That geworden. Nicht ohne Widerstreben frei=
lich, und wie wir hören, von den Seinigen, ins=
besondere wohl von seinem Arzte[1]), immer wieder
vorwärts gedrängt, entschloß sich der Gestürzte,

---

[1]) Schweninger 3. 7 ff.

an die Arbeit zu gehen, sich selber zur Beschäftigung
und Befreiung, seinem Volke zur Belehrung. Mit=
gewirkt hat dann auch die geschäftliche Anregung
des Verlegers Kröner (Cotta). Bucher hat sich als=
bald an die Ordnung der Briefe im fürstlichen
Archive gemacht. Dann hat der Fürst seinem alten
Vertrauten seine Erinnerungen dictirt; wir können
aus Buchers brieflichen und mündlichen Mit=
theilungen an Busch (October, December 1890) ¹)
ziemlich gut verfolgen, wie das geschah. Die
Dictate — Bucher stenographirte sie — beständen,
so schildert er, aus lauter Bruchstücken; die Er=
zählung springe und breche oft beim Wichtigsten
ab, so neulich bei den Beziehungen Bismarcks zu
Napoleon vor 1870; er habe den Faden fallen
lassen und ihn nicht wieder aufnehmen wollen. Er
denke bei der Vergangenheit allzu viel an die
Gegenwart, die er lehrend und warnend zu be=
einflussen wünsche, und auf deren Verhältnisse er
im Grunde die Geschichte nur einstelle. Im März
1891 heißt es, die Dictate seien zahlreich, aber sie
enthielten Wiederholungen und innerhalb dieser ab=
weichende Versionen. Bismarck selber sprach damals
zu Busch von dem Werke ohne rechte Zuversicht.
Bucher ließ den Freund in das Manuscript hinein=
sehen, nach Buschs Notizen scheint es, als wenn
gewisse Theile bereits damals dem uns heute vor=

¹) Tagebuchblätter Bd. III; vgl. auch Kaemmels Zu=
sammenstellung, Grenzboten 1899 II 2 ff.

liegenden Texte fast entsprochen haben, während
Anderes noch nicht in die Form gebracht war. Im
September desselben Jahres schilderte ein Brief
Buchers, wie er die Dictatenmassen zerschneide und
dann von Neuem zu Mosaiken, zu Capiteln, deren
vierzehn fertig geworden seien, zusammenfüge, und
klagte über die chronologischen Fehler und über
die Unlust des Fürsten, mit denen er zu kämpfen
habe. Und diese Klagen mehren sich Anfang 1892;
weder das Gedächtniß noch das Interesse des Fürsten
findet sein Mitarbeiter ausreichend, er wirft ihm
vor, Thatsachen — wie etwa die der Vorgeschichte
des französischen Krieges — zu verschieben, Miß=
erfolge — wie den Culturkampf — von sich ab=
zuwälzen u. s. f. Er und Busch kommen in dem
Urtheile überein, der Mann, der die Geschichte der
letzten Jahrzehnte gemacht habe, verstehe es nicht,
sie zu erzählen.

All' das hat Bucher kurz vor seinem Tode
— er starb am 12. October 1892 — geäußert, ein
kranker und, wie ihn Bismarck schon vor einem
Jahrzehnte charakterisirt hatte, ein übellauniger und
verbitterter Mann. Niemand wird diese Urtheile
einfach hinnehmen. Man wird erwägen, wie
unbehaglich die Thätigkeit Buchers naturgemäß
war; denn er, der Mann der Feder, stellte an
das Buch von vornherein hohe und absolute Forde=
rungen, wie sie Bismarck, dem die literarische
Arbeit im besten Falle ein Nebenwerk war und
wenig am Herzen lag, gar nicht daran dachte zu

theilen oder zu erfüllen. Bismarck wollte ja keine
wirkliche Geschichte schreiben; was Bucher gelegent=
lich tadelte, das eben vor Allem wollte er: seine
Gegenwart praktisch belehren; die Benennung des
Werkes als „Gedanken und Erinnerungen" geht auf
einen Hinweis Buchers zurück, aber sie drückt genau
das aus, was Bismarck geben wollte; Bucher hätte
nichts Anderes von ihm verlangen und sich nicht
beschweren dürfen. Und welches Buch schließlich
kommt ohne Klagen und Unzufriedenheit zur
Welt? Wir ziehen von Buchers Bitterkeiten ein
gutes Stück ab; übergehen aber können wir sie
nicht, schon weil so Manches, was an dem fertigen
Buche überrascht, Einzelnes und Allgemeines, doch
deutlich auf diese seine Anfangszeiten zurückweist,
von denen wir nirgends so viel Anschauung ge=
winnen wie in den Bucherschen Ergüssen. Sein
Antheil an der ersten Form der „Gedanken und
Erinnerungen" ist darnach sehr bedeutend, er be=
trifft die Zurechtlegung und Verwerthung des in
Friedrichsruh vorhandenen urkundlichen Materials,
die Niederschrift, Ordnung, Verbesserung des Textes;
aber auf den Kern des Inhaltes erstreckt er sich
nirgends, und auch die Worte stammen, wenn
auch nicht ohne Rest, von Bismarck selbst. Die
Unlust des Fürsten muß doch geringer gewesen
sein, als Bucher sie darstellt, oder sie hat wenigstens
später nachgelassen. Wir erfahren durch Kohl, daß
der erlauchte Verfasser sein Buch zu wiederholten
Malen durchcorrigirt und stark ergänzt hat; daß

1893 der Text zum ersten Male gedruckt worden
ist, und daß die Fahnen als neues Manuscript
gedient und noch mancherlei Aenderungen, Berich=
tigungen, persönliche Milderungen und zugleich
mancherlei Vervollständigung durch politische Re=
flexionen erfahren haben. Andere, insbesondere Kohl
selbst, haben noch geholfen, äußerliche Ungenauig=
keiten zu beseitigen; die Nacharbeit Bismarcks hat
sich, freilich wohl in abgeschwächter Gestalt, bis
in seine letzten Jahre hinein gezogen. Aber die
breiten Lücken, die bei Buchers Tode noch offen
standen, sind, so hören wir, nicht mehr ausgefüllt
worden; man darf bestimmt vermuthen, daß die
noch ungedruckte Fortsetzung des Werkes auf die
in den zwei vorliegenden Bänden behandelten Zeiten
nicht zurückkommt. Als einen Torso hat der greise
Staatsmann sein Erinnerungsbuch hinterlassen;
über die Veröffentlichung scheint er selber nichts
mehr bestimmt zu haben.

Was uns jetzt vorliegt, gibt sich natürlicher=
weise als einheitlichen Text. Kohl spricht von
Spuren zwei=, drei=, vierfacher Redaction an manchen
Capiteln; von dem Facsimile einer eigenhändigen
Niederschrift, das dem zweiten Bande beigefügt ist,
weicht die gedruckte Fassung desselben Abschnittes
(I, 11) durch leise Verbesserungen und Zuspitzungen
des Ausdrucks ab. Gelegentlich meint man zu spüren,
wo das Dictat aufhört und der eigenhändige Nach=
trag einsetzt, und an manchen Stellen wüßte man
allzu gern, wie sich die verschiedenen Redactionen

von einander scheiden. Das bloße Stilgefühl kann, zumal da ja auch der Buchersche Text Bismarck-schen Ursprunges ist, gar leicht trügen; hoffent-lich gibt uns Kohl einmal von der Zusammen-setzung, der Schichtung des Manuscriptes eine ge-naue kritische Nachricht und spart so den künftigen Historikern und Philologen Mühe und Ruhm einer doch immer ungewissen Zergliederungsarbeit.

Der schriftstellerische Eindruck ent-spricht noch heute bei der Mehrzahl der Capitel der Entstehungsweise, wie sie die verstimmten Schilderungen Lothar Buchers berichten. Einige Capitel sind aus einem Gusse; es sind diejenigen, in denen eine größere Entwicklung in knappem Rückblicke zusammengefaßt, ein allgemeiner poli-tischer Gedanke zur inneren Politik (Dynastien und Stämme) oder zur äußeren (Rußland und Oesterreich) lehrend dargelegt, eine Persönlichkeit wie der alte Kaiser geschildert, eine Episode wie der 1863er Zusammenstoß mit dem Kronprinzen actenmäßig erzählt wird. Die übrigen aber sind „Mosaikwerk“. Sie fassen je unter einem Gesammt-titel verschiedenartige Stücke zusammen, die nicht immer dem Titel entsprechen. Manchmal sieht man deutlich, wie der Fürst sein Dictat an ein Actenstück oder mehrere, die er gerade besaß, ange-knüpft hat; das ist der Kern geblieben, Anderes wird um ihn herum gruppirt. Auch die Lesung neuer Bücher, wie des Haymschen Duncker, gibt ihm wohl einmal die Anregung. Da kommen denn

Lücken, Sprünge, Wiederholungen reichlich vor;
gelegentlich Einschübe, die in den Zusammenhang
nicht passen; mehr als ein Capitel behält den
Charakter des Splitterhaften. Das ganze Werk
ist eben nicht literarisch gemeint; wie „ein natür=
lich gewachsener Wald, nicht wie ein wohlcom=
ponirter Park" (Meinecke) ist es zu Stande ge=
kommen, und sicher kann man sagen, daß es an
Ursprünglichkeit gewinnt, was es an künstlerischer
Einheit vermissen läßt. Auch der Reiz der Dar=
stellung ist sehr verschiedenartig. Erstrebt wird er,
nach Bismarcks Art, überhaupt nicht, und manch=
mal fehlt er in der That. Selten erreicht er die
Höhe der früheren Kundgebungen Bismarcks in
Rede und Schrift. Darum bleibt doch die Form
auch der Denkwürdigkeiten echt Bismarckisch —
in der sachlichen Wucht, der Einfachheit und Plastik
der Sprache, die so oft an die Actensprache des
Geschäftsmannes anklingt und doch immer ihren
eigenen, natürlich = großen Stil besitzt; in der
Prägung von Epigrammen, der Schärfung von
Pointen, die man nie wieder vergißt[1]); in der
Fülle der erlebten und angeschauten Bilder, die
auch hier oft genug überraschen. Es sind plaudernde
Schilderungen von hinreißender leichter Grazie ein=
gestreut, wie etwa die vom französischen, auch die

---

[1] — „Man nannte das später ‚moralische‘ Eroberungen;
es war die Hoffnung, daß Andere für uns thun würden,
was wir selbst nicht wagten." (I, 77.)

vom russischen Hofe. Es sind manchmal mit
knappen Strichen machtvolle Bilder entworfen;
wer sähe nicht den König und seinen Minister
auf jener Fahrt zwischen Jüterbogk und Berlin
oder im Schlosse zu Nikolsburg leibhaftig vor
seinen Augen? Erstaunt ist man dann wieder,
wie der dramatisch inhaltreichste aller Auftritte,
die Bismarck zu erwähnen hat, das Babelsberger
Gespräch vom 22. September 1862, ohne jeglichen
Aufwand dramatischer, geschweige denn pathetischer
Schilderung beschrieben wird. Es sind Menschen
gezeichnet, mit wenigen Zügen, mit unübertreff=
licher Kunst schneidender Charakteristik, die mit
zwei, drei anschaulichen Einzelheiten das ganze
Wesen einer Person lebendig hinstellt: natürlich
dann nicht ohne die Absicht, zuzuspitzen, zu carri=
kiren; man erinnere sich der blutig sarkastischen
Weise, wie Harry von Arnim (2, 162) eingeführt
wird. Da gibt sofort das erste Detail den Grund=
ton für ein ganzes Capitel an. Und wie mächtig
weiß Bismarck solche leitenden Klänge anzu=
schlagen; wie wundervoll beherrschen die wenigen
Sätze über Wilhelms I. letzte Krankheit die ganze
Charakteristik, an deren Eingange sie stehen! Der
unbewußte Künstler in Otto von Bismarck hat
auch in diesem Buche seines Greisenalters noch
seinen Reichthum entfaltet. Auch künstlerisch wirkt
er nach seiner Art da am meisten, wo er die Dinge
berührt, die ihm sachlich die wichtigsten sind: wo
er den Inhalt seiner weitesten politischen Gedanken

oder seiner tiefsten persönlichen Stimmungen in majestätischen Betrachtungen ausströmen läßt, da hat auch Ausdruck und Klang die ganze Monumentalität seiner größten Tage. Am vollsten wirken ihrer Form nach allerdings die eingefügten Schriftstücke aus der früheren Zeit; niemals hat Bismarck etwas Schöneres geschrieben als die Erzählung seines prophetischen Traumes von 1863, wie sie der Brief an Kaiser Wilhelm (18. Dec. 1881; II, 194) faßt; und man darf anmerken, daß die an sich vielleicht allzu häufige Einfügung dieser Stücke von den 40er Jahren ab den Denkwürdigkeiten zugleich den Werth eines Spiegels gibt, in dem alle Gestalten ihres Verfassers aus einem halben Jahrhunderte in Proben seiner jeweiligen Sprache vor uns hintreten. Auch der alte Bismarck von 1891, nicht mehr so überwältigend wie der der Briefe, Denkschriften und Reden, die wir kannten, ist eben doch immer noch er selbst. Und wenn ich die Bezeichnung als Kunstwerk für das Ganze der „Gedanken und Erinnerungen" und für die meisten seiner Einzelcapitel durchaus ablehnen muß, so bleiben sie auch literarisch, trotz aller Unvollkommenheit und gerade in der Eigenart ihres Zustandes, ein kostbarer Besitz: schon aus allen äußeren Gründen hat unsere Literatur Anlaß, denen, die uns diesen Besitz übermittelt haben, zu danken.

Mich geht vor Allem die Charakteristik und Prüfung des S a c h l i c h e n, des historischen Inhalts an. Zunächst: wie steht es da mit der stofflichen

Zuverlässigkeit im Einzelnen? Memoiren pflegen in erster Reihe auf dem Gedächtnisse des Verfassers zu beruhen. Hier nur ein Hinweis auf diese Fragen einer so zu sagen niederen Kritik: sie können in diesen Aufsätzen nur gestreift werden. Bismarck hat sich, wo immer er konnte, an die Acten, die er zur Hand hatte, angelehnt; aber sie reichten nicht aus, auch bei ihm mußte die Erinnerung wesentlich nachhelfen, und daß sie irren könne, gab er ausdrücklich zu. Auch Bucher hat, nach Buschs Zeugniß, die volle Sicherheit von Bismarcks Gedächtniß angezweifelt; Kohl dagegen hat sie wiederholt auf das Stärkste behauptet. Er glaubt sie in besonders schlagender, ja verblüffender Weise zu erhärten durch die Nebeneinanderstellung des 1862 in einem Briefe erstatteten Berichtes über eine Audienz bei Napoleon III. und des Berichtes der Denkwürdigkeiten über diese Audienz; die beiden Texte, beide ziemlich ausführlich, stimmen, bei leichten Abweichungen, doch im Sinne und in der Satzfolge völlig und auch im besonderen Ausdrucke oft bis in das Feinste hinab mit einander überein. Kohl versichert, Bismarck habe seine Erzählung, dreißig Jahre nach dem Ereignisse, ohne schriftlichen Anhalt, in dieser erstaunlichen wörtlichen Sicherheit „frei aus dem Gedächtniß" zu Papiere gebracht. Ist das der Fall, so ist es überaus merkwürdig; auch ein höchst charakteristisches Detail, wie es für Bismarck diese Unterredung war, haftet über eine so lange und

so unendlich bewegte Zeit hinweg schwer in solchem
Wortlaute selbst in dem schärfsten Gedächtnisse; es
wäre ein Erinnerungsvermögen, das über alles
Menschliche hinauszugehen schiene. Ich habe für
Kohls Behauptung bei Vielen, die sie gelesen
hatten, den überall gleich entschiedenen Unglauben
gefunden; ich will kein absolutes Urtheil wagen,
aber sie positiv anzunehmen vermag auch ich nicht.
Es möge mir erlaubt sein, des Beispiels halber
einen anderen Fall hier aufzuführen, den man, so
wenig bedeutsam er an sich ist, bei der Unsicherheit
dieser Dinge doch vielleicht als eine Art Control=
mittel verwerthen kann: wenigstens zeigt er, zu
welchen Fragen und Schwierigkeiten die Erzählun=
gen Bismarcks da, wo Controlmaterial vorhanden
ist, Anlaß geben können.

Am 27. November 1870, so erzählt Bismarck
(II. 117), ist Graf Holnstein, der als Vertrauens=
mann König Ludwigs von Bayern in Versailles
weilte, auf die Bitte des Kanzlers in kritischer
Stunde zu seinem Herrn nach Hohenschwangau ge=
reist, um mit Hülfe eines Bismarckischen Schreibens
an seinen König diesen zu veranlassen, daß er bei
Wilhelm I. und bei den deutschen Souveränen den
Antrag auf Uebernahme des Kaisertitels durch das
preußische Bundespräsidium stelle. Jenen Brief
an Ludwig von Bayern schrieb der Kanzler, „um
die Beförderung nicht zu verzögern, sofort an einem
abgedeckten Eßtische auf durchschlagendem Papier
und mit widerstrebender Tinte." Den Inhalt des

Briefes hat die Darlegung gebildet, daß bayrische Selbstgefühl könne sich wohl mit der Führung der Präsidialrechte durch den deutschen Kaiser, nicht aber mit der durch den preußischen König be= freunden: dieser sei den Bayern doch nur der Nach= bar, jener würde ihnen der Landsmann sein. „Dieser Hauptlinie meiner Argumentation hatte ich noch persönliche Argumente hinzugefügt, in Erinnerung an das besondere Wohlwollen, welches die bayrische Dynastie zu der Zeit, wo sie in der Mark Brandenburg regierte, während mehr als einer Generation meinen Vorfahren bethätigt habe. Ich hielt dies argumentum ad hominem einem Monarchen von der Richtung des Königs gegen= über für nützlich, glaube aber, daß die politische und dynastische Würdigung des Unterschieds zwischen kaiserlich deutschen und königlich preußischen Präsi= dialrechten entscheidend ins Gewicht gefallen ist."

Das kann man doch nur so verstehen, daß jener Brief Bismarcks sowohl die sachlichen poli= tischen Argumente, wie die persönliche historisch=legi= timistische Betheuerung an Ludwig II. in sich ent= halten hat; ausdrücklich und mehrmals sprechen die „Erinnerungen" von einem, d. h. nur einem Brief. Nun ist aber das Concept des Bismarckischen Briefes erhalten und im ersten Bande (S. 353) der Denk= würdigkeiten von dem Fürsten selber abgedruckt. Es fällt schon auf, daß für das rasch und einigermaßen formlos hingeworfene Schreiben „auf durchschlagen= dem Papier und mit widerstrebender Tinte" ein

durchaus formvolles Concept, mitsammt allen Curia=
lien in der Ueberschrift, vorhanden ist. Aber es
wäre ja denkbar, daß der Kanzler nur die Rein=
schrift in äußerster Eile bewerkstelligt hätte? Das
Concept hat im Uebrigen den politischen Inhalt,
den Bismarcks Referat ihm zuweist: der Kaiser=
titel ist ein Erforderniß der Rücksicht auf die
deutschen Fürsten und Stämme. Nur führt Bis=
marck in jenem Referate diesen Inhalt zugleich
breiter und schärfer aus als in dem Concepte; er
entwickelt in dem Referate seine volle Meinung,
die das Concept nur mehr andeutet. Ferner ent=
hält das Concept eine Versicherung lebhafter Dank=
barkeit und Ergebenheit des Kanzlers gegen den
König, dessen nationale Verdienste warm gerühmt
werden. Die Anspielung auf das uralte Verhältniß
der Bismarck zu den Wittelsbachern aber, das argumentum ad hominem, fehlt. Kohl hatte wohl daraus
den Schluß gezogen, den er in einer Anmerkung
(zu I 353) ausspricht: die Reinschrift scheine noch
Zusätze bekommen zu haben. Nun besitzen wir aber
die Reinschrift. Frau Luise von Eisenhart=Kobell
hat sie, aus dem Originale Bismarcks, das ihr
Mann von König Ludwig zum Geschenk erhalten
habe, in der „Deutschen Revue" (Januar 1899,
Seite 33) veröffentlicht[1]. Und in der That zeigt
sie Abweichungen von dem Entwurfe. Die Sätze

---

[1] Jetzt wieder abgedruckt in der Schrift: König Ludwig II.
und Fürst Bismarck im Jahre 1870, von Luise von Kobell (bei
Duncker und Humblot 1899), S. 45, mit prächtigem Facsimile.

über die Kaiserfrage sind zum Theile präziser gefaßt, daneben aber auch erweitert, Ludwigs Interesse daran, daß er als Erster handle, ist noch ausdrück= lich betont. Aber jenes Wittelsbacher Argument fehlt auch hier. Wie ist das nun zu erklären? Es handelt sich ja doch um Dinge von großer sach= licher Tragweite, und innerhalb deren um eine überaus charakteristische Einzelheit: Fürst Bismarck hatte sie wohl auch früher schon, im Gespräche, erwähnt, er legte Gewicht auf sie. Trotzdem muß ja doch wohl ein Irrthum irgendwelcher Art hier vorliegen; gleichzeitig mit dem Verfasser dieser Abhandlung[1]) haben auch Andere daran Anstoß genommen und haben versucht, ihn zu erklären. Kohl hat (in seinem Wegweiser S. 88) auf die Worte hingewiesen, die Ludwig II. am 1. Sep= tember 1880 dem Reichskanzler, in einem Dank= briefe für dessen Glückwunsch zum 700 jährigen Jubiläum des Hauses Wittelsbach (abgedruckt in Bismarcks Erinnerungen I 372), geschrieben hat: „Es war für mich von besonderem Interesse, zu vernehmen, daß schon meine Vorfahren Anlaß hatten, Ihre Familie hochzuschätzen und auszu= zeichnen." Also hatte Bismarck im August 1880 diese historischen Verbindungen erwähnt, und sein Gedächtniß hat das argumentum lediglich in die ältere Correspondenz hinaufverlegt. Kohl nennt

---

[1]) Ich bemerke, daß ich an dieser Stelle den Text meines Aufsatzes (Teutsche Rundschau, Aprilheft S. 53) erweitert und berichtigt habe.

dies „einen kleinen Irrthum". Wäre er das in
der That? Ich meine, es wäre ein auffallend
starkes Versehen in wichtiger Sache, und habe nicht
geglaubt, ein solches Versehen ohne zwingenden
Beweis voraussetzen zu dürfen. Näher schien mir
zu liegen, daß der Fürst im November 1870 etwa
noch anderweit mit Ludwig II. correspondirt haben
könnte und daß sich die Erinnerung daran in
seinen Bericht über die Sendung vom 27. Novem=
ber eingeschoben hätte; und nicht auszuschließen
wenigstens war auch die Möglichkeit, daß neben
dem durch Frau v. Eisenhart=Robell erhaltenen
Hauptbriefe noch ein zuletzt eilig hingeworfener
Beibrief das argumentum ad hominem gebracht
hätte. Freilich, die Antwort Ludwigs II [1]) enthält
nichts, was über den uns vorliegenden Text des
officiellen Bismarckischen Schreibens hinausdeutete:
denn bereits dieses Schreiben wird ja durch eine
ausführliche und stark persönliche Ergebenheits=
betheuerung eingeleitet. Und als Ludwig Ende
November 1870 seinem Cabinetssecretär Eisenhart
„den Brief Bismarcks" hinreicht — so erzählt dessen
Gemahlin S. 43 —, da redet er nur von diesem
einen; aus den Veröffentlichungen der Frau von

---

[1]) „Mein lieber Graf! Mit lebhaftem Vergnügen habe
ich bemerkt, daß Sie trotz zahlreicher und dringender Geschäfte
Muße gefunden, Ihren Gefühlen gegen mich Ausdruck zu ver=
leihen. Ich sende Ihnen deshalb meinen wärmsten Dant:
denn ich lege hohen Werth auf die ergebene Gesinnung eines
Mannes, nach dem das ganze Teutschland freudigen Stolzes
seine Blicke richtet. —" Gedanken und Erinnerungen I 354.

Eisenhart geht hervor, und sie hat es mir auf meine Frage freundlichst bestätigt, daß sie, abgesehen von dem Formular für die an Wilhelm I. zu richtende Erklärung, immer nur von Einem Schreiben des Kanzlers an den bayrischen König gewußt hat. Ist Ludwig II. nur dieses eine abgegeben worden oder hat er nur dieses eine, feierlichere, erwähnen mögen, das zweite, ganz persönliche, formlosere aber — aus welchen Beweggründen immer — völlig unterdrückt? Immerhin: es scheint trotz Allem, daß Bismarck ihm wirklich zwei Briefe geschrieben hat. In der zweiten Auflage von Poschingers „Bismarck und die Parlamentarier" [1]) erzählt ein Privatbrief des Abgeordneten Lohren vom 22. Juni 1884 von Aeußerungen, die der Kanzler zwei Tage früher auf einem seiner politischen Frühschoppen gethan habe. Danach hatte er, während Holnstein sich zur Rückreise fertig machte, „das Schreiben an den König entworfen und einen privaten Brief beigelegt, um seinen Rathschlägen ein erhöhtes Gewicht zu geben; — ein Ausnahmefall in seinem politischen Leben." Den Inhalt dieses Briefes haben die uns bekannten politischen Beweisgründe gebildet: es liegt im Interesse der Fürsten, freiwillig die Initiative ergriffen zu haben, ein deutscher Kaiser muß ihnen

---

[1]) I 270. Ich verdanke den Hinweis auf diese Stelle und damit die Berichtigung meiner früheren Zweifel einem gütigen Briefe des Kais. Gesandten z. D. Herrn Geheimrath Krauel zu Freiburg i. B.

selbst ein erwünschterer oberster Kriegsherr sein als
ein preußischer König. „Der private Theil des
Schreibens habe nur darin bestanden, daß er nicht
bloß als Staatsmann dem Könige rathe, sondern
als alter Freund der bayrischen Dynastie, gewisser=
maßen als ein alter treuer Vasall." Diese Mit=
theilungen scheinen doch den Ausschlag zu geben.
Allerdings, wie sich nun die Argumente auf die
beiden Briefe vertheilt haben, darüber möchte ich
bei dem Stande unserer Quellen doch keine Ent=
scheidung treffen. Soll man annehmen, daß der
zweite noch einmal auch die politischen Motive
wiederholt hat, oder wird er lediglich das Persön=
liche hinzugefügt oder etwa noch die Dringlichkeit
von Holnsteins rascher Fahrt begründet haben?
In jedem Falle, die Erzählung in Bismarcks
Denkwürdigkeiten ist nicht genau; auf das in
seinem Archive ruhende Concept, das wir aus
seinem eigenen Werke kennen, hat der fürstliche
Schriftsteller keine Rücksicht genommen; er hat,
wenn der Thatbestand von uns richtig hergestellt
worden ist, trotz jenes ihm zugänglichen Acten=
stückes die zwei Briefe in einen zusammengezogen.
und irgend einen Irrthum also jedenfalls begangen.
Es wird aus dem Beispiele zu folgern sein — sicher=
lich kein Vorwurf gegen den großen Verfasser, der
ja gar nicht die Absicht hatte und haben konnte,
als kritisch erzogener Historiker urkundlich genau
zu arbeiten; auch keine zu allgemein ablehnende
Skepsis gegen solche Angaben Bismarcks, für die

es uns im Augenblicke an Beweisen oder Auf=
klärungen fehlt, denn der Brief bei Poschinger zeigt
uns ja eben, daß der Bericht der „Gedanken und
Erinnerungen" keineswegs, wie es Kohls Ver=
muthung wollte, einfach auszustreichen ist — wohl
aber zu folgern sein, daß eine unbedingte und wört=
liche Annahme Bismarck'scher Erzählungen doch
wiederum gefährlich sein würde, gefährlich auch da,
wo wir von vornherein geneigt sein dürften, seinem
Gedächtniß besonders zu trauen. Und ferner: ver=
gleicht man sein nach der Erinnerung gegebenes
Referat über die Gründe, die er Ludwig von Bayern
entwickelt habe, wenigstens mit der uns zugänglichen
authentischen Fassung des einen Briefes (im Con=
cept und in der Reinschrift), so zeigt sich, wie ich
anführte, daß die Wiedergabe inhaltlich im Ganzen
treu ist, daß sie aber den Klang immerhin einiger=
maßen verändert. So, wie sein Referat es faßt,
wird sich Bismarck auch in dem zweiten Briefe, wenn
dieser die gleichen Dinge überhaupt noch einmal er=
örtert haben sollte, zu dem Könige von Bayern
schwerlich ausgedrückt haben, sondern wohl auch da
vorsichtiger, bedingter. Ebenso ist die gleich darauf
folgende Wiedergabe des Briefes Ludwigs II. an
König Wilhelm derart, daß sie, wenn man nicht den
Wortlaut dieses Briefes selber heranzieht, den Leser
zu einer wenigstens nicht völlig richtigen An=
schauung von diesem Wortlaute veranlaßt[1]). Man

---

[1]) Vergl. Band II, S. 119 mit Hahn, „Fürst Bis=
marck", Band II, S. 264.

wird also doch gut thun, solche Angaben über
Actenstücke, die dem Verfasser der Denkwürdigkeiten
nicht vorlagen und dem Leser nicht vorliegen, mit
einiger Vorsicht zu benutzen. Natürlich! die Haupt=
absicht eines Schriftstückes bleibt dem Darsteller in
der Erinnerung, die Einzelheiten verschieben sich
allzu leicht, und selbst die Färbung des Ganzen kann
doch Veränderungen erfahren, die für den Historiker
nicht unwichtig sind. Die große Denkschrift aus
Nikolsburg (II, 43) war dem Fürsten in Friedrichs=
ruh offenbar nicht zur Hand; das Referat, das er
von seiner Unterredung mit dem Könige gibt, und
das ja wohl die Denkschrift ersetzen soll, möchte ich
nicht einfach in Allem für sicher hinnehmen[1]. So
dann auch die lebendige, in directer Rede und Gegen=
rede auftretende Erzählung von dem 1859er Ge=
spräche Bismarcks mit dem Prinzregenten (I, 203,
210). Vorläufige Zweifel der Art hat mir ein Fach=
genosse ferner gegenüber den Gesprächen aus der
Zeit des Krimkrieges mitgetheilt, bei deren chrono=
logischer Einordnung sich Schwierigkeiten ergäben,
die erst noch nachzuprüfen seien[2]. Nicht ganz zu=

---

[1] Darüber jetzt ausführlicher und tiefer, jedoch ganz im
Sinne dieses Fragezeichens, Lenz (Juliheft der Deutschen Rund=
schau 135 f.). Ebenso offenbar Meinecke 289.

[2] Es war Max Lenz, dessen eingehende Abhandlung
über die den Krimkrieg betreffenden Kapitel der „Gedanken
und Erinnerungen" seither im Juniheft der Deutschen Rund=
schau erschienen ist. Seine Ergebnisse, die auf einer kritischen
Vergleichung der 40 Jahre nach den Ereignissen niederge=
schriebenen „Erinnerungen" mit den während der Ereignisse

treffend sind unzweifelhaft auch die „Beiträge" zur
Geschichte des 19. März 1848 (I, 29) ¹), obwohl sich
Bismarck hier in stiller Polemik, also berichtigend,

---

entstandenen originalen Quellenzeugnissen, zumal den Brief=
wechseln Bismarcks mit Gerlach und mit Manteuffel, den Tage=
büchern Gerlachs, beruhen und die, wie alle heutigen Arbeiten
über diese immerhin noch nahe und keineswegs allseitig auf=
gehellte Epoche, Verbesserungen und Ergänzungen unterliegen
mögen, scheinen mir doch in den Hauptsachen sicher begründet
zu sein. Sie kommen auf das Folgende hinaus. Die einzelnen
Gespräche, Briefe, Rathschläge, von denen die „Gedanken und
Erinnerungen" berichten, lassen sich entweder zeitlich nicht sicher
einordnen oder scheinen, soweit sie zeitlich eingeordnet sind, mit
den thatsächlichen Verhältnissen des betreffenden Augenblicks
im Einzelnen nicht immer vereinbar zu sein: Bismarcks Ge=
dächtniß ist nicht ganz scharf geblieben. Und noch mehr (das
geht freilich über den Kreis, den dieses Kapitel bei mir zu er=
örtern hatte, bereits hinaus, weil es nicht bloß die Richtigkeit
der erzählten Einzelthatsachen, sondern die Richtigkeit der all=
gemeineren Auffassungen des Memoirenschreibers berührt): Bis=
marck glaubt, von seinem Frankfurter Posten wider seinen eigenen
Willen zu den Berathungen bei Hofe durch den König entboten
und ebenso wider seinen Willen bei Hofe festgehalten worden zu
sein. Die Briefwechsel aber zeigen, daß er selber jene Berufungen
gewünscht und veranlaßt hat; und auch seine Darstellung seines
Verhältnisses zum Könige wie zu den Hofparteien widerspricht
mehrfach dem Eindrucke, der sich aus den Briefen ergibt. Die
Abweichungen sind für Niemanden, der mit der Psychologie
von Memoiren vertraut ist, überraschend, aber sie sind un=
leugbar und sie sind nicht gering. — Auch aus dem zweiten
Artikel von Lenz (siehe die vorhergehende Anmerkung) gehören
mehrere Untersuchungen einzelkritischen Inhalts hierher.

¹) Vgl. Wilh. Busch, Die Berliner Märztage, 1899. Auch
Tiest=Tabers Streitschrift hat hier eingesetzt.

auf die veröffentlichten Darstellungen Anderer be=
zieht. An der Legende, daß Graf Brandenburg,
nach vergeblichem Ringen gegen oder um Friedrich
Wilhelm IV., an dem Kummer über eine durch den
König und die ministerielle Mehrheit verursachte
Demüthigung Preußens gestorben sei, hält Bis=
marck (I, 66, 279) fest [1]).

Gewiß sind das wesentlich Kleinigkeiten, und
ich wiederhole, daß ich gar nicht daran denke, sie
aufzubauschen oder etwa eine Anklage aus ihnen
abzuleiten. Sie werden sich mit der Zeit, bei ein=
dringenderer Einzelforschung, zweifellos noch stark
vermehren, ich selbst habe in diesen Aufsätzen später
gelegentlich wieder zu den Werkzeugen dieser tech=
nischen Einzelkritik zu greifen, wo es die Sache

---

[1]) Ich entnehme einem Briefe und einem lehrreichen Vor=
trage Th. Schiemanns der mir erst während der Druckcorrectur
in seiner gedruckten Form, Deutsche Rundschau, Augustheft,
S. 300 ff., zugeht), daß auch hier Bismarcks Angabe nicht ein=
fach zu streichen ist. Entgegen der Darstellung Sybels hat auch
Friedrich Wilhelm IV. den Tod Brandenburgs auf eine heftige
politische Erregung zurückgeführt; daß Brandenburg an den
Conflicten jener Tage gestorben sei, würde demnach wenigstens
nicht ohne Weiteres als „Legende" bezeichnet werden dürfen,
und Bismarck berichtigte wahrscheinlich mit Bewußtsein die zu
weit gehende Kritik, die Sybel an dieser Legende geübt hatte.
Aber freilich: die Ursache von Brandenburgs Tod wäre auch
dann Schwarzenberg gewesen und keineswegs, wie es Bismarck
der alten Ueberlieferung gemäß doch voraussetzt, der Conflict des
ehrliebenden Brandenburg mit der Friedensseligkeit des Königs
und der preußischen Minister: also Bismarcks Auffassung, so
scheint mir, bliebe trotzdem irrthümlich.

verlangt; hier sei es mit den wenigen Beispielen
oder Andeutungen, die ich gegeben habe, genug.
Das Eine aber folgt daraus, und nur darauf kam
es hier an: es erweist sich, was ohnehin selbstver=
ständlich sein mag, aber doch zugleich erwiesen sein
will, daß auch dieses Buch stofflich auf dem persön=
lichen und deshalb mehr oder weniger schwankenden
Grunde steht, wie alle anderen Erinnerungen auch.
Man darf diese natürlichen Bedingungen der Dar=
stellung nie aus dem Auge verlieren, und nicht
einfach als Thatsachen das hinnehmen, was doch
zunächst nur Aussagen, und zwar zum großen
Theile weit spätere Aussagen, eines gewichtigen
Zeugen über Thatsachen sind. —

Wir aber wenden uns den großen Zügen der
Darstellung zu. Zuerst: was verkündet uns Fürst
Bismarck von dem Boden, in dem er wurzelt, von
den Entwicklungszeiten und =quellen, die für einen
Menschen maßgebend zu bleiben pflegen: von seiner
Jugend und deren Mächten?

IV.

Die Jugendzeit. Das alte Preußen.

Wie Vieles möchten wir aus Bismarcks Kind=
heit und Jugend erfahren! Für wie Vieles am
Wesen des Mannes würden wir dort den Schlüssel
suchen! Da zeigen es gleich die ersten Seiten seines
Buches: eine Selbstbiographie im innerlichen Sinne
ist es nicht und will es nicht sein.

Es wird einmal eine Aufgabe für sich sein, die sich nicht im Vorübergehen lösen läßt, die „Gedanken und Erinnerungen" mit den berühmten Memoiren der Weltliteratur zu vergleichen, und durch die Bestimmung von Aehnlichkeiten und Abweichungen das Typische und das Besondere an ihnen hervortreten zu lassen. Wir denken unwillkürlich zuerst an die beiden großen Vorgänger Bismarcks in unserer Geschichte, die ja auch beide ihr eigenes Leben beschrieben haben, an Goethe und Friedrich II. · Sachlich am nächsten würden die Denkwürdigkeiten der Staatsmänner liegen, sicherlich in erster Reihe König Friedrichs; aber auch Cäsars, Richelieus[1]), Napoleons I., Metternichs, Bohens, Guizots, Beusts — ich nenne nur diese Namen, die schon eine Fülle von Verschiedenheiten und von Anregungen bedeuten würden; zweifellos aber würden auch Goethe und die Seinen herbeizuziehen sein. Von der eigenen Person gehen ja, wie verschiedenartig immer, doch zuletzt Alle aus; das thut auch Bismarck. Aber — das ist der alles Andere beherrschende Eindruck — er thut es ohne einen Hauch von Eitelkeit, von Selbstbespiegelung und Selbstruhm; seine ganze ungewollte,

---

[1]) Ich kann es mir nicht versagen, nach dem Vorgange und der Anregung Alfred Doves auf die monumentalen Sätze hinzuweisen, mit denen Ranke (in den Analekten der Französischen Geschichte, Werke XII 180 f.) Richelieus Memoiren charakterisirt hat: man versäume nicht, sie nachzuschlagen! Es ist beinah verblüffend, wie sehr sie auf Bismarcks Buch gemünzt erscheinen.

elementare Größe wird schon durch diese eine That=
sache bezeichnet, sie hebt sein Buch, nach der Kraft
des Charakters, auf einen Gipfel aller Memoiren=
literatur empor. Von sich redet er überall, aber
immer nur unter dem Gesichtspunkte seines Wirkens,
seines Werkes, seines Kampfes. Um seiner selbst
willen betrachtet er sich nirgends; seine Persönlich=
keit — was ja doch, wie so manches Beispiel er=
weist, auch ohne Eitelkeit möglich wäre — durch
Selbstbeobachtung in ihrer Entwicklung zu erfassen
und zu begleiten, sie als ein wissenschaftliches Object,
wissenschaftlich=künstlerisch, gleichzeitig von innen
und von außen her zu betrachten, reflectirend und
analysirend: das liegt ihm ganz fern. Daß er das
innere „Werden des Genius" darstellen könnte —
ihm wäre solches Bestreben sicherlich doch als eine
schnöde Eitelkeit und zudem als eine unfruchtbare
Spintisirerei erschienen; der Gedanke lag außerhalb
seiner Welt. Er war nicht Goethe. Der Historiker
mag wünschen, Bismarck hätte seiner Darstellung
noch andere Ziele gesetzt; aber er wird selbstver=
ständlich anerkennen, daß Bismarck im höchsten
Sinne Recht hatte, seine Gesichtspunkte, so wie sie
ihm natürlich waren, in seiner großartigen Wahr=
heit, d. h. Selbsttreue einzuhalten: ja, daß er gar
nicht anders konnte. Er trat an den Gegenstand
naturgemäß mit anderen Absichten heran als wir:
sie werden uns alsbald genauer sichtbar werden.
Für uns ergeben sich daraus freilich Lücken, die
auch wir nicht umhin können als solche zu be=

zeichnen; wir stellen nothgedrungener Weise Fragen, auf die Bismarck nicht antworten wollte oder nicht so geantwortet hat, wie wir es wünschen müssen.

Kaum irgendwo sonst hat er so viele Mit= theilungen, die nur seine Person betreffen, gemacht wie in dem Eingangscapitel, für die Zeit vor 1848. Es handelt sich um seine Lehrjahre im Staats= dienste, aus dem er so früh ausgeschieden ist: er spricht von den unerfreulichen Eindrücken, die er dort empfangen habe, und erläutert sie an Einzel= heiten; er berührt dabei die Wandlung seiner staatlichen Anschauungen zwischen 1832 und 1848. Es handelt sich um Mächte, unter deren Einfluß sein gesammtes Leben geblieben ist. Wir suchen die Welt, innerhalb deren er geboren und heran= gewachsen ist, die Heimath seiner Natur, seiner ganzen Art. Es ist diese altpreußische Welt, die Güter seiner Eltern, das Berlin der zwanziger und dreißiger Jahre. Ich habe in einem früher an= geführten Aufsatze [1]) vor Kurzem die Gegensätze dieser Welt, insofern sie für Bismarck entscheidend wurden, charakterisirt: das alte Königthum, das noch an der Spitze stand, obwohl es seine un= bedingte Fridericianische Selbstherrlichkeit bereits verloren hatte, sie bereits unmittelbar mit dem

---

[1]) Hohenzollernjahrbuch 1898; Zu Bismarcks Gedächtniß, 136 ff. — Ich lasse die knappen Sätze auch in dem Neudrucke unberührt, obgleich sie, wie ich wohl weiß, allzu knapp sind: aber sie wollen ja nicht Zustände schildern, sondern nur auf deren allgemeinste Gegensätze zuspitzend hinweisen.

Beamtenthume hatte theilen müssen, während es überdies die neuen Ansprüche der socialen Gruppen im Lande neben sich aufstreben sah; den Adel, der sich nach einstiger Gegenwehr gegen dieses Königthum ihm längst unterworfen und angeschlossen hatte und jetzt in Heer und Verwaltung dienend und dadurch mitherrschend neben ihm stand, seinem Wesen nach, zumal in den mittleren Landestheilen, königstreu, der Autorität ergeben, selber eine Verkörperung festgefügter Autorität, aber zugleich allmählich wieder zu eigenen Standesbestrebungen übergehend: gerade die Bewußtesten und Tüchtigsten unter den Edelleuten wollen directe politische Macht für ihren Stand, ständische Gewalt zur Seite der befreundeten Krongewalt. Und neben König und Adel das empordrängende Bürgerthum, der vornehmliche sociale Träger des neuen Persönlichkeitsglaubens und der politischen Freiheitsideale des Jahrhunderts, der zukunftsreiche Träger zugleich der wirthschaftlichen Erhebung, sowie der geistigen Bildung und ihrer Ansprüche; politisch damals erst im Erwachen, im langsamen Uebergange zu eigenen positiven Forderungen, schon aber voll von kritischem Geiste, von wachsender Opposition gegen das alte königliche System. Beide, Adel und Bürgerthum, mehr ständisch der eine, mehr liberal das andere, konnten sich als die Erben Friedrichs des Großen fühlen; der conservative Adel trug die straffe Autorität der alten Monarchie weiter, der Liberalismus deren modern=

staatlichen Zug, dem das alte Ständethum ja er=
legen war, den Zug der staatlichen Einheit und
zugleich der Aufklärung. Der Liberalismus wandte
sich gegen den König, insofern er ihm die Allein=
herrschaft entwinden, den modernen Staat durch
die Einfügung der Volksvertretung weiterbilden,
dessen souveräne Macht so mit der Krone theilen
und in ihm der Freiheit des Einzelnen ihr Recht
schaffen wollte. Der Adel, soweit er ständische
Bestrebungen hegte, war der Einheit des Königs=
staates schärfer als das Bürgerthum entgegengesetzt,
drängte im Grunde, wenn er sein Ideal ernst nahm,
zu der landschaftlichen Zersplitterung der vorkönig=
lichen Zeiten zurück, wollte die straffe Staatsgewalt
des juristischen Beamtenthums wieder zersetzen und
stellte dem Königthum das ständische Selbstbewußt=
sein, den alten persönlichen Stolz und Trotz des
Edelmannes gegenüber, der in seinem Kreise der
Herr ist. Er war in gewissem Sinne dem preußischen
Staate, wie ihn die Hohenzollern ausgestaltet
hatten, dem Grundsatz nach fremder und feind=
licher als die centralistischeren Liberalen, aber
freilich in der Wirklichkeit, trotz mancher Vor=
behalte und mancher Selbständigkeitsregung, war
er doch königlicher als sie — das herkömmliche
Bündniß zwischen Krone und Adel war stärker als
ihre inneren Abweichungen, und die gemeinsame
Gegnerschaft gegen den Zeitgeist wies sie doch auf
einander an. Allerdings war der neue Geist an
so mancher Stelle auch in die Schlösser des Junker=

thums eingedrungen und rang dort mit dem ein=
geborenen Standesinteresse; im Großen und Ganzen
aber bildete diese Landaristokratie des Ostens doch
eine Welt für sich, in welcher die liberale Auf=
klärung von der historischen Eigenart des Standes
überwogen wurde.

Wohin gehörte nun innerhalb dieser Gegen=
sätze Otto von Bismarck? Er erzählt uns, daß
der auflösende Geist seiner Jugendtage, politische
wie religiöse Kritik, auch ihn ergriffen habe; daß
sich der politischen Kritik, dem eigentlichen modernen
Liberalismus in ihm die ererbte Königstreue ent=
gegenstemmte, die jenen Geist dann auch bezwang;
daß diejenige Opposition, die in ihm mächtig blieb
oder wurde, vielmehr die des Edelmannes gegen
die Büreaukratie, der Drang des Gutsbesitzers nach
Behauptung seiner Selbständigkeit gegen den Staat,
also eine „ständisch = liberale“ Gesinnung gewesen
sei. Alle diese Angaben sind äußerst werthvoll
und zweifellos richtig. Wir bedauern nur, daß
sie nicht reicher sind. Wir hören von dem Pantheis=
mus, mit dem der Siebzehnjährige die Schule ver=
lassen habe; wie sich aber der religiöse Proceß in
Bismarck weiter vollzogen hat, davon verlautet
nichts; von inneren Erschütterungen oder wenigstens
Bedrängnissen, von Zeiten der Schwermuth, von
denen ein Gerücht zu künden weiß, und auf die
auch mehr als eine Stelle in Bismarcks vertrautesten
Briefen zurückweist, wird uns in den Denkwürdig=
keiten nichts gesagt. Dafür sind wir ganz auf

andere Quellen angewiesen, und diese fließen bis=
her spärlich; werden wir je etwas Sicheres und
Ausreichendes über diese innersten Entwicklungen
erfahren? Der Verfasser der „Gedanken und Er=
innerungen" faßt nur seine politischen Wandlungen
einigermaßen nah in das Auge: den politischen
Klang des ganzen Werkes schlagen gleich die ersten
Sätze charakteristisch an. Und da unternimmt er
es dann freilich, gerade das Wichtigste, sein Ver=
hältniß zum Adel und zur Monarchie, ausdrück=
lich zu definiren.

V.
Stellung zu Adel und Königthum.
Revolutions= und Reaktionszeit.

Seine innere Zugehörigkeit zum Adel er=
scheint ihm nicht sehr stark. Seine Eltern seien
eher liberal gewesen, in Standesvorurtheilen sei
er nicht aufgewachsen, erst die Adelsfeindschaft der
48er Revolution habe ihn veranlaßt, seiner Unter=
schrift das „von" vorzusetzen; und später habe er
niemals Junkerpolitik, niemals Standespolitik,
sondern immer nur Staatspolitik getrieben. All'
dies ist wahr, und dennoch rückt es seine historische
Stellung im Einzelnen und im Ganzen nicht in
das richtige Licht. Die Zeugnisse, die wir bisher
aus den dreißiger und vierziger Jahren besitzen,
zeigen uns zwar sehr klar, daß Otto von Bismarck
keineswegs ein Krautjunker gewesen ist: er hat im

Staatsdienste mehr gelernt und geleistet, als man aus den „Erinnerungen" schließen würde, und hat in wiederholten weiten Reisen die europäische, insbesondere die westeuropäische Welt mit sehr offenem Blicke kennen gelernt; er erscheint dennoch mit seinem Geburtsstande in einem festeren und unbedingteren Zusammenhange, als die völlig correcten, aber doch etwas verblaßten Angaben des Buches ahnen lassen. Er arbeitet schon 1846 an der Erhaltung der Patrimonialgerichtsbarkeit, die er nicht an die königlichen Richter übergehen zu lassen wünscht. Er ist sich in den folgenden Jahren lediglich consequent geblieben, wenn er seit dem Vereinigten Landtage die aristokratisch = monarchische Staatsanschauung in den Parlamenten so lebhaft und so grundsätzlich vertheidigte, wenn er sich bereits im December 1847 für die Begründung einer ständischen Zeitung bemühte, die dann 1848 in der „Kreuzzeitung" zu Stande gekommen ist, wenn er im Revolutionsjahre das Interesse des Landes und des Gutsbesitzes dem der Stadt in aller Form entgegenhielt. Auf Seiten, ja fast an der Spitze des Junkerthums hat er vor Aller Augen, mindestens bis 1851, gestanden. Und wer sein ganzes Dasein in das Auge faßt, wird doch, trotz der Denkwürdigkeiten, bei dem alten Satze bleiben, daß der Landedelmann in Bismarck stark, ja entscheidend geblieben ist bis zuletzt[1]). Hier sind die Wurzeln

---

[1]) Vgl. dazu auch Schmoller, Zu Bismarcks Gedächtniß, 9 ff.

seines Verhältnisses zum Staate und zum Könige;
er ist der Angehörige jenes ständisch und doch
königlich gesinnten Adels, von dem ich sprach; der
Landedelmann blieb er in seinem steten Kriege mit
der Büreaukratie, mit den „Geheimräthen“, und
aus dem heimischen Boden, den er bebaute und
beherrschte, quoll all' seine elementare Frische lebens=
lang empor. Seine Beziehungen zu allen übrigen
Classen seines Volkes, der Zug zum patriarchalischen
Regimente, der noch die sociale Politik seines letzten
Kanzlerjahrzehntes erfüllt — Alles weist hierhin
zurück. Und seine wirthschaftliche, agrarische Politik
ist gewiß in erster Linie vom staatlichen Interesse
ausgegangen; ohne Einfluß aber, ob nun bewußten
oder unbewußten, ist doch auch auf sie Bismarcks
natürliche Stellung schwerlich geblieben. Er war
unendlich mehr als bloß Angehöriger seines Standes,
auch davon haben wir noch zu reden; aber zugleich
gehörte er dem Stande zu, in weit vollerem Maße,
als er selber es zugibt. Daß er sich persönlich, in
socialer und gesellschaftlicher Rücksicht, stets als
Edelmann zu empfinden fortfuhr, dafür enthalten
auch die Memoiren (II, 148, 155) unbeabsichtigte
Zeugnisse. Wenn er trotzdem den Einfluß der
Geburt auf seine Gesammthaltung als Politiker
niedriger schätzte, als wir es müssen, so suche ich
den Beweggrund dazu nicht so sehr in irgend
welchem apologetischen Bestreben, als in der oben
bezeichneten natürlichen Verschiedenheit seiner Be=
trachtungsweise von der unseren. Er zergliedert

eben nicht seinen historischen Charakter als Ganzes,
er erkennt nicht, in geschichtsphilosophischer Reflexion,
als dessen Grundzug den adligen; er weiß vielmehr,
wie Vieles von den Anschauungen seiner Standesgenossen er im Laufe seiner Entwicklung abgestreift,
wie er dann von 1868 ab und zumal in den
siebziger Jahren mit ihnen politisch gebrochen hat —
diese praktischen politischen Einzelthatsachen stehen
ihm im Vordergrunde seines Bewußtseins und
drängen andere Dinge weit zurück, und so formulirt
er sein Urtheil.

Die andere Seite derselben Grundfrage ist es,
wie er von Anfang an zum preußischen Königthum
gestanden habe. Wieder trifft die Antwort seiner
„Erinnerungen" zu: er ist schon vor 1847 königlich,
aber zugleich ständisch, er ist schon damals keineswegs absolutistisch gesinnt gewesen. Er knüpft an
diese Aussage (I, 15) eine Ausführung über die
Nachtheile, die Ergänzungsbedürftigkeit der un-
umschränkten Autorität. Diese Ausführung freilich
athmet den Geist seiner Oppositionsreden aus dem
Sommer 1892; sie sucht, nach seiner damaligen
Stimmung, ihr Ziel in der Gegenwart. Und das wird
man auch hier hinzusetzen müssen: aus den Zeichnungen unseres Buches allein, so nützlich sie sind,
darf man die Wirklichkeit von Bismarcks früherer
Geschichte nirgends erkennen wollen. Wie er vor und
nach 1847 adliger empfunden hat als er gut haben
will, so zugleich auch königlicher: auch dieses Gefühl
kommt in seinen späteren Reflexionen wenigstens

nur einigermaßen abgeblaßt zu Tage; er sieht es
da über eine weite Entfernung hinweg mit Augen
an, die sich gewöhnt haben, kritischer zu blicken.
Der echte Bismarck der früheren Zeit tritt uns aus
manchen thatsächlichen Erzählungen der Memoiren,
vor Allem aus den überaus charakteristischen und
ganz neuen Details vom März 1848 entgegen. Wie
er da seine Bauern aufbietet, um den König mit
Gewalt zu befreien, wie er die Officiere zur
rettenden That aufstachelt, wie er furchtlos in
dem empörten Berlin selber seinem Streben nach=
geht, wie er am 2. April durch einen Weinkrampf
von der Rednerbühne des Landtages hinunter ge=
trieben wird: in all' dieser brausenden Leidenschaft
und Thatenlust, in diesem tiefen Seelenjammer
zeigt sich das Verhältniß, das er damals zu seinem
alten Preußen, zu seiner alten Monarchie im
Herzen trug; er lebte sehr viel rückhaltloser, un=
bedingter in den alten Zuständen und in deren
allgemeinen Idealen, als es der Achtziger ge=
würdigt hat. Und dafür zeugen doch auch alle
seine Reden in den nachfolgenden Kammersitzungen.
Er hat damals, wie man weiß, der Kreuzzeitungs=
partei angehört, der Camarilla nahe gestanden und
hat sich laut zu deren Doctrinen, der christlich=
ständisch=königlichen Staatslehre der Gerlachs, be=
kannt. Ich weiß sehr wohl, daß seine Riesennatur
aus dem Kreise dieser zart und matt empfindenden
Männer, denen die willkürliche, schöpferische That
ein Greuel war, und denen die romantisch=mystische

Doctrin alle Wirklichkeit verschleierte, jederzeit fremd herausgeragt hat; er war etwas Anderes als sie Alle — aber ich kann mich dem Eindrucke nicht entziehen, daß er nicht nur mit ihnen zusammenging, sondern damals auch an ihre Weltanschauung glaubte, unbeschadet der Naturkraft, mit der sein preußischer Realismus auch in den damaligen Reden selber ihre Nebel bereits mehr als einmal jäh zerriß. Aber er stand während jener Jahre in der frischen innerlichen Reaction gegen den Unglauben seiner Jugend; da hat sich die Wucht seines Wesens wohl zunächst mit wirklicher Einseitigkeit zu diesen Ideen hinüber geworfen, und sie waren ihm mehr als Kampfmittel, obschon sie seine Seele in den tiefsten Gründen ihrer Selbständigkeit niemals unterjochten. Seine „Erinnerungen" geben von alledem kein Bild; auch dem Könige gegenüber würde man ihm nach der — übrigens ja sehr berechtigten — Kritik, die er hier an ihm übt, kaum das Urtheil zutrauen, das er damals, am 9. December 1848, in einem Briefe an seinen Bruder über ihn gefällt hat. Da faßt er, trotz all' dem Schwanken und Zaudern, aus dem Friedrich Wilhelm IV. vom März bis zum November nicht herausgekommen war, nach der endlichen heilenden Katastrophe seine Meinung in den überraschenden Worten zusammen: „Der König allein hat nie den Muth und nie das Ziel aus den Augen verloren, seit ich ihn um Johanni zuerst wieder sah, obschon man jede Mine gegen ihn

springen ließ . . ." Man muß also überall, um
den richtigen Ton zu erhalten, die kühleren Denk=
würdigkeiten aus den ursprünglichen Zeugnissen der
betreffenden Jahre selber ergänzen und berichtigen;
dann wird man umgekehrt auch aus den ersten
Fingerweisen genug zur Erläuterung der zweiten
entnehmen können.

Gerade die Jahre, bei denen wir eben weilen,
hat Bismarcks Erinnerung offenbar mit besonderem
Antheil aufgesucht. Ich kann auf die lebensvollen
1848er Erzählungen und auf das überaus interessante
politische Urtheil hier nur hindeuten: das Urtheil,
wonach im März, und später von Neuem, die
Gründung der deutschen Einheit durch Friedrich
Wilhelm IV. sehr wohl möglich gewesen wäre,
wenn er entschlossen zugegriffen hätte; freilich einer
Einheit, deren Grundlagen Bismarck bedenklich
bleiben; und freilich möglich auch nur unter der
von ihm nicht verschwiegenen Voraussetzung, daß
Friedrich Wilhelm eben nicht — Friedrich Wilhelm
gewesen wäre! Aber der Historiker wird diese Ge=
danken des großen Staatsmannes, die ganz von
der Kraft seines Willens, von seiner Hochschätzung
persönlicher Willensmacht durchdrungen sind, mit
Freuden und mit Nutzen nachdenken, selbst wenn
er sie vielleicht nicht selber annimmt. Er wird
dankbar von den tiefdringenden Bemerkungen lernen,
in denen Bismarck die nachgiebig=unsichere Haltung
des Königs auf preußischem Boden insbesondere aus
seinen deutschen Hoffnungen und Bestrebungen

ableitet [1]). Lehrreich bleibt ferner Alles, was von
der Union, von Olmütz gesagt wird — für seine
eigene vielberufene Parlamentsrede zu Gunsten
des Olmützer Vertrages (3. December 1850) gibt
der Fürst eine überraschende Auslegung, der die
Forschung doch wohl erst noch näher nachgehen
muß —; lehrreich und voll feiner und packender
kleiner Züge Alles über Friedrich Wilhelm IV.
und seinen Kreis, über seine persönliche Haltung
zu Bismarck, über die inner= und äußerpolitischen
Gegensätze der fünfziger Jahre. Fürst Bismarck
fußt hier zumal auf seinem Briefwechsel mit
Leop. Gerlach, der bei der Abfassung dieser Capitel
noch nicht veröffentlicht war (er ist erst 1893 er=
schienen), und knüpft seine Darstellung wesentlich
an die Briefe an; darum schlingt sich dann wieder
eine Fülle von charakteristischen Erinnerungen.
Sie halten im Einzelnen keineswegs immer der
kritischen Nachprüfung Stich, und im Ganzen, in
der Schilderung und Bewerthung seiner eigenen
politischen Rolle am Berliner Hofe, seiner steten
Flucht vor einem Ministerposten unter König
Friedrich Wilhelm, scheint ihm so manches Spätere,
so manche Verschiebung und Uebertreibung in sein
Bild jener frühen Jahre hineingerathen zu sein [2]).

---

[1]) Eine interessante Bestätigung dieser Auffassungen Bis=
marcks jetzt bei R. Koser, Friedrich Wilhelm IV. am Vorabend
der März=Revolution. (Hist. Zeitschrift, 83, 43 ff., Juni 1899.)

[2]) Dieser Satz nach den Ergebnissen von Lenz: siehe oben
S. 45 Anm.

Bezeichnend und berechtigt bleibt es doch, daß er
sie so eingehend und so liebevoll bedacht hat. Denn
es sind die biographisch vielleicht anziehendsten
Zeiten seines ganzen Lebens. Wir kennen sie, man
darf wohl sagen, noch besser, als er selber beim
Schreiben sie gekannt hat; wir besitzen hier die
Menge der Aktenstücke, die seit Poschingers großem
Werke einander gefolgt sind, und uns tritt aus
einem reichen Materiale das unerschöpflich reizvolle
Schauspiel hervor, wie sich der Größte unseres
Jahrhunderts während dieser seiner Frankfurter
Zeit aus aller Enge seiner ursprünglichen Lebens=
kreise, aus allen Banden der Parteiansicht glorreich
herauszieht, wie das Antlitz des Genius seine
eigenen Züge gewinnt, wie in unablässiger Arbeit
und doch anscheinend mühelos, sieghaft, mit
sicherster Ueberlegenheit eine persönliche Großmacht
emporsteigt, deren inneres Recht und deren fort=
schreitende Entwicklung uns beinahe selbstverständ=
lich erscheinen, weil sie so ganz das Natürliche und
das Einfache sucht und findet, weil an ihr zunächst
nichts unbegreiflich ist, als die ganz beispiellose
Wucht von geistiger Gesundheit, von untrüglichem,
einfach klarem und doch im allerhöchsten Maße
genialem Wirklichkeitssinne. Bismarck wird in
Frankfurt, wie man weiß, zum Staatsmanne im
großen Stile; er ergreift und formulirt hier die
künftigen Aufgaben seines Lebens. Auch da gilt
sein Interesse als Erzähler weniger seiner eigent=
lich persönlichen Entwicklung, wie sie aus den

Documenten erkennbar wird, als den positiven Gegenständen seiner damaligen Discussionen mit Gerlach und mit der Regierung, also zumal dem Verhältnisse preußisch-deutscher Politik zu Rußland, zu Frankreich, oder auch dem Verhältnisse zwischen Minister und König: alle die Fragen von 1854 sind ihm noch immer actuell; er will nicht nur erzählen, er will politisch lehren, indem er von ihnen handelt.

Der Biograph, den nur das Historische daran beschäftigt, fragt vornehmlich nach dem historischen Charakter des Ergebnisses, zu dem sich Bismarck in diesen Frankfurter Zeiten durchgearbeitet hat. Er kam als preußischer Conservativer, voll der Tendenz des Zusammengehens mit Oesterreich; er hat bekanntlich in Frankfurt mit Oesterreich gebrochen und die Grundlinien einer großen deutschen Politik vorgezeichnet, wie er ihnen dann 1866 handelnd nachgeschritten ist. Ist er in Frankfurt also Deutscher geworden? Lenz und ich haben gemeint: nein, sondern er blieb Preuße, und alle seine Pläne waren preußisch.

VI.

Preußenthum und Deutschthum. Verhältniß der Denkwürdigkeiten zu allgemeinen Gedanken und zur Persönlichkeit.

Es ist, neben seinem Verhältnisse zu den heimischen Verfassungsgewalten, das andere Haupt-

problem in Bismarcks Entwicklungsgang: wie stand
in ihm Preußenthum und Deutschthum zu einander?
Im bewußten Dienste welcher Gewalt hat er sein
Werk vollbracht? Wohin er uns geführt hat, weiß
ja alle Welt; in ein Deutsches Reich, an dessen
Spitze der preußische König und auch das preu=
ßische Wesen steht; und als Bismarcks Leistung ist
von jeher betont worden, daß er den 1848er Pfad
eines übertriebenen Unitarismus und einer bloßen
Ideenpolitik verließ, die alten historischen Mächte
in Deutschland für den deutschen Staat gewann,
ihnen in diesem ihr Recht beließ und durch ihre
realen Kräfte, durch die Mittel der Dynastien, der
hohenzollerischen zumal und ihres Heeres, die
deutsche Idee praktisch verwirklichte. Dabei bleibt
doch die Frage wichtig genug, aus welchen Beweg=
gründen, als was, er dies that; ob letztlich im
Dienste der deutschen Idee oder im Dienste der
preußischen Macht. Preußen war, das hat Bis=
marck selber mit historischem Scharfblicke erkannt,
nicht in der Verfolgung deutscher, sondern lediglich
preußischer Ziele groß geworden; im Verlaufe der
Einheitsbewegungen unseres Jahrhunderts geht der
Staat Preußen immer seine Wege für sich; ist es
nun dieser harte Sonderstaat ganz in seiner eigensten
harten Machtpolitik gewesen, der die deutsche Sehn=
sucht erfüllt hat, oder war es bereits deutsche Ge=
sinnung, die ihm das Schwert dabei leitete? Der
historischen Erkenntniß ist dieser Unterschied nicht
gering; sie muß die Strömungen unserer Geschichte

klar jondern, um die Kraft einer jeden und die
Art ihres Zusammenwirkens bestimmen zu können;
sie muß vor Allem den entscheidenden Mann nach
seiner Zugehörigkeit zu preußischen oder deutschen
Tendenzen möglichst scharf zu begreifen streben. Der
populären Anschauung ist das gleichgültig und viel=
leicht anstößig; ihr ist Bismarck einfach der deutsche
Heros. Wir möchten feststellen, seit wann und
durch welche Uebergänge er es geworden ist. Ich
habe mein Ergebniß soeben vorweggenommen und
habe es anderwärts eingehender erörtert: ich meine,
daß er, innerlich wie äußerlich, auf dem Boden des
Sonderstaates gestanden hat bis 1866; daß er als
Preuße und nicht als Deutscher die deutsche Frage
gelöst hat, und erst zum deutschen Staatsmanne
wurde, als es einen deutschen Staat gab, in dem
er es sein konnte, d. h. frühestens vom Siege über
Oesterreich an. Mir scheint dies aus seinen Worten
und Thaten von 1851—1866 überzeugend hervor=
zugehen.

Die „Gedanken und Erinnerungen" lassen sich
auf eine solche Unterscheidung nicht ein, ja sie ver=
werfen sie fast. Sie sondern in Bismarcks Ent=
wicklung die preußischen und die deutschen Elemente
möglichst wenig. Sie heben in ihm von früh auf
die Spuren deutscher Gesinnung hervor. Sie setzen
noch 1864, in dem schleswig=holsteinischen Con=
flicte, die damals sehr unzweifelhafte preußische
Eroberungspolitik kurzer Hand mit „Streben nach
nationaler Einheit" (II, 12) gleich, was sie doch

wirklich nicht war. Sie stellen mit vollem Rechte
fest (I, 289), es sei darauf angekommen, den König
von Preußen und sein Heer für die nationale Sache
zu gewinnen, „mochte man vom borussischen Stand=
punkte die Führung Preußens oder auf dem natio=
nalen die Einigung Deutschlands als die Haupt=
sache betrachten; beide Ziele deckten einander". Das
thaten sie gewiß; aber damit ist noch nicht gesagt,
daß nicht Bismarck selber von dem einen dieser
beiden Standpunkte ausgegangen sei und sogar noch
von ihm aus gehandelt habe. Er zeigt im Früh=
jahr 1848, in öffentlichen Kundgebungen, kurze Zeit
hindurch eine leise Nachgiebigkeit gegen die deutsche
Idee, die damals alle Widerstrebenden fortschwemmen
zu wollen schien. Das ging rasch vorüber. Seine
Frankfurter Denkschriften aber wollen immer nur
die Besserung von Preußens Lage in Deutschland
durch eine energische und weite deutsche Politik
seines Staates herbeiführen; man lese nur die be=
rühmte Zusammenfassung aller seiner Gedanken, die
große Abhandlung vom März 1858 (Poschinger,
III, 487). Natürlich genug: denn er war preußi=
scher Staatsmann, und es ist stets der oberste seiner
politischen Glaubenssätze gewesen, daß er für die
Interessen der Macht zu stehen habe, die er ver=
trete, und für keinerlei Neigungen oder Gefühle
sonst. Der preußische Zug blieb für ihn der leitende,
so lange er Preußen zu leiten hatte. Daß freilich
diese preußische Eigenpolitik zugleich die einzige war,
die Deutschland helfen konnte, wußte er sehr gut.

5 *

Wie stark sich demgemäß deutsche Gefühle bereits
in ihm regten, so lange seine Berechnungen nur
preußisch sein durften, das wage ich noch nicht zu
bestimmen; das natürlich ist eine feine, allezeit
schwer zu beantwortende Frage. Gehandelt jeden=
falls hat er bis 1866 nur als preußischer Minister:
schon die Compromisse mit Oesterreich, an die er
damals gedacht hat, zeigen das klar; und die popu=
läre Behauptung von seinen deutschen Tendenzen
ist mindestens unbewiesen. Ich habe den Eindruck,
daß er auch innerlich damals vor Allem preußisch
empfand und wollte.

Wenn nun diese scharfe Wirklichkeit seiner
früheren Zeiten in den Memoiren nicht so zu Tage
tritt, woher kommt das? Es ist begreiflich genug.
Er war inzwischen Deutscher geworden, und die
spätere Entwicklung warf ihm, das ist ja das
Schicksal aller Selbstbiographie, ihren Schimmer
auf die frühere zurück. Er hat überdies nach
1890 öfter als einmal eine gewisse Verstimmung
gegen seine engeren Landsleute ausgesprochen, von
denen er meinte, sie hielten ihm die Treue schlechter
als die übrigen deutschen Stämme. Gleich auf den
ersten Seiten seines Buches kommt diese Verstim=
mung, nicht ganz ohne Ungerechtigkeit, zum Vor=
schein; seine besondere Stimmung aber auf sein
allgemeines Urtheil wirken zu lassen, war seine
Art von jeher: um so leichter mochten ihm die
preußischen Züge seiner Vergangenheit ein wenig
verschwimmen. Vor Allem indeß, er war jetzt

seinem Bewußtsein und Willen nach eben Teutscher,
und die feinere und eingehendere begriffliche Unter=
scheidung des Preußischen und Teutschen in seinem
Leben, um die wir uns vom wissenschaftlichen
Standpunkt aus bemühen, ist oder wäre ihm sicher=
lich praktisch gegenstandslos und vielleicht eher
praktisch schädlich erschienen; als lediglich theore=
tische Untersuchung aber reizte sie ihn nicht.

Es wird sich empfehlen, an dieser Stelle der
Art, wie Bismarck sich in seinem Buche allge=
meinen Gewalten und allgemeinen Gedanken
überhaupt gegenüberstellt, noch ein wenig weiter
nachzugehen.

Nur einmal widmet er solchen Kräften die
Auseinandersetzung eines besonderen Capitels: es
ist das über Dynastien und Stämme, in gewissem
Sinne das merkwürdigste des ganzen Werkes. Jeder
wird seinen Inhalt im Sinne haben. Die Dynastien
bilden den Zusammenhalt der deutschen Einzel=
staaten, eines jeden in sich selber, und ohne das
gemeinsame Standesgefühl der Dynastien würde
wieder die deutsche Gesammtheit schwerlich bei ein=
ander bleiben. Bismarck hat dies Capitel von der
hohen und kühlen Warte seines Greisenalters, der
Jahre nach 1890, aus geschrieben. Ich untersuche
nicht, ob es für die deutsche Geschichte, im Ganzen
wie im Einzelnen, und ob es für die Zustände der
Gegenwart unbedingt zutrifft; vollends für Bis=
marcks Anschauung in seinen früheren Lebens=
abschnitten Folgerungen daraus zu ziehen, würde ich

nicht ohne Weiteres für erlaubt halten; mir scheint
es mit manchen Zeugnissen seiner Manneszeit nicht
übereinzustimmen. Der Bismarck aber der 90er
Jahre erklärt sich hier trotz Allem für das höhere
Recht der Nation gegenüber den Sonderstaaten.
Dennoch erkennt er die Verpflichtung an, die
Geltung der Dynastien, „so lange sie sich kräftig
genug erweist, um mit ihr rechnen zu können," als
Thatsache hinzunehmen und zu berücksichtigen;
ebenso wie er es andererseits als „Aufgabe" bezeichnet, die Anhänglichkeit gegen die heimische
Dynastie, wenn diese unhaltbar geworden ist, gleich
„anderen und stärker berechtigten Gemüthsregungen"
zu überwinden, zu begraben. Von sich selber meint
er, er habe das Recht der Hohenzollern als solches
nie höher gestellt als das der übrigen Fürstenhäuser,
aber gegen die Hohenzollern würde er keine Waffen
gehabt haben: die Geschichte hat es gefügt, daß er
mit ihnen gehen und sie zur That im deutschen
Sinne vermögen konnte. Eigentlich grundsätzliche
Würdigungen und Entscheidungen hat er hier, wenn
man näher zusieht, überall vermieden. An seiner
Vergangenheit betont er die deutsche Tendenz, aber
er hat zwischen ihr und der preußischen wenigstens
nicht zu wählen brauchen. Für Gegenwart und
Zukunft scheint er eine scharfe Entscheidung mehrmals treffen zu wollen, einmal (S. 294) scheint
er sie wirklich auszusprechen, aber er stellt dann
doch zuletzt nur praktische Erwägung gegen Erwägung; an wirklich Grundsätzlichem bleibt zuletzt

doch nur übrig, daß es „nicht die Aufgabe eines
deutschen Staatsmannes sei, die Berechtigung und
Vernünftigkeit dieser Eigenthümlichkeit (d. h. der
bestehenden Hingabe an die Dynastien) zu prüfen,"
so lange sie eben stark sei. Er sucht die Thatsache
auf und würdigt ihren Werth; auf das Praktische,
nicht auf das Begrifflich-Principielle, nicht auf das
allgemeine Urtheil, kommt es ihm an. Dafür
scheint mir doch auch diese Ausführung, gerade
weil sie so starke Anläufe zum Allgemeinen nimmt,
höchst bezeichnend zu sein. Für den deutschen
Staatsmann, den zu praktischem Handeln berufenen
Einzelnen und für seine positive Handlungsweise
denkt er, der Staatsmann, der Realist, die Dinge
schließlich durch, auch wo er sie auf allgemeiner
volkspsychologischer Grundlage zu betrachten begonnen hat.

Er hat anderwärts in den „Erinnerungen"
Theorien aufgestellt, aus denen man eine Geschichts-
philosophie Bismarcks abzuleiten versucht sein
könnte. Er spricht gelegentlich (II, 60) von der
Unaufhaltsamkeit der Entwicklung zur Demokratie,
von dem Einfluß der Besitzenden und Gebildeten
als nothwendigem Gegengewicht, das die Bewegung
verlangsamen müsse, von dem Kreislaufe, der sonst
durch die Ochlokratie zur Thyrannis weiter gehe.
Ich bin nicht gewiß, ob das in der That Fürst
Bismarcks vorherrschende Anschauung von dem zu-
künftigen Schicksale unserer Welt gewesen ist, und
gestehe, noch keineswegs darüber klar zu sein, wie

weit solche allgemeinen Anschauungen in ihm
reichten, ob er sich allgemeine Sätze dieser Art
überhaupt gebildet hatte, an denen er innerlich
festhielt und die ihm etwas bedeuteten. Ich be=
streite es nicht, wüßte sie aber nicht aufzuführen.
Erfahrungsbeobachtungen hat er ja oft formulirt,
auch Theorien, wie sie der Gedankengang oder auch
das taktische Bedürfniß des Augenblicks mit sich
brachten; und eine Reihe von Regeln und Lehr=
sätzen zum staatlichen und socialen Leben kann
man sicherlich aus seinen Schriften und Reden zu=
sammenstellen. Kommt man dabei über ein gewisses
System praktischer Anschauungen wirklich je hinaus?
Sollte Bismarck je eine eigentliche, bewußte Doctrin
von einheitlichem Charakter bekannt haben, seit er
sich aus den Banden der Gerlachschen Lehre —
leicht genug! — gelöst hatte? Allen diesen Fragen
wird noch lange und oft nachzuforschen sein. Aus
den „Gedanken und Erinnerungen" scheint sich mir
nichts derart zu ergeben; und wenn er einmal
(I, 61) seine Polemik gegen die Ideale der Pauls=
kirche zu dem sehr schneidenden allgemeinen Urtheil
erweitert, eine Regierung brauche die Stimmung
der gebildeten Kreise erst dann als vis major auf
ihr Handeln wirken zu lassen, wenn diese Stim=
mung die derben Massen in drohende Bewegung
zu setzen wisse — so steht dem an anderer Stelle,
die ich soeben anführte (II, 59) eine, wie mir doch
scheint, hiervon sehr abweichende Würdigung des
Einflusses der Gebildeten gegenüber. Das erste

Mal denkt Bismarck an die vierziger bis sechziger
Jahre, das zweite Mal an die Socialdemokratie:
das, was ihm am Herzen liegt, ist jedesmal der
Einzelfall, das jeweilige praktische Bedürfniß seiner
Politik; allgemeinere Formeln prägt er dabei wohl
aus, aber er schiebt sie nach jenen Bedürfnissen
hin und her.

Auch seine Schätzung von dem Werthe der
Persönlichkeit als historischer Kraft scheint mir
nicht so leicht festlegbar, wie einige seiner Aus=
sprüche es vermuthen lassen. Er hat natürlich
gewußt und erlebt, daß der Einzelne die Dinge
nicht willkürlich machen kann; er hat öfter aus=
gesprochen, der Staatsmann könne lediglich ab=
warten, bis die Verhältnisse die That erlauben
und gebieten; und auch dann natürlich nur eine
That, die den Bedingungen der Lage entspricht.
Es sind die „Conjuncturen", von deren Macht
Friedrich der Große gern geredet hat. Man wird
immerhin gut thun, aus diesen Aeußerungen nicht
zu viel für Bismarcks Ansichten zu folgern. Wie
er sich zu den heute so lebhaft geführten Streitig=
keiten über individuelle und collective Gewalten in
der Geschichte gestellt hat oder hätte, das möchte
ich aus jenen Worten doch noch nicht entscheiden.
Sicherlich, er hätte überhaupt keine doctrinäre
Stellung dazu eingenommen; ich weiß nicht, ob
ihm, dem Staatsmanne, dem es so selbstverständlich
war, immer nur mit dem Wirklichen und Möglichen
zu rechnen, die Frage nicht allzu selbstevident vor=

gekommen wäre. Seine schriftstellerische Praxis
zielt begreiflicher Weise doch beinahe ausschließlich
auf den Einzelnen und dessen Entschluß. Das
Jahr 1848, die Epoche von 1848—1870, so hörten
wir ihn urtheilen, hätte anders laufen können,
wenn Friedrich Wilhelm IV. in jenem März anders
handelte. Seine eigene Rolle schätzt Bismarck, ohne
einen Anflug von Selbstgefälligkeit, überaus hoch
ein; ohne ihn wären alle die großen Thaten unserer
Ruhmeszeit ungethan geblieben (II, 153, u. a. m.).
In Persönlichkeiten drückt sich ihm jede sachliche
Entscheidung aus, auf sie bezieht er die Dinge.
Nur unter dem Gesichtspunkte des politischen
Handelns, meistens seines Handelns, interessiren
ihn die allgemeinen Gewalten. Das Königthum
setzt sich ihm alsbald um in den regierenden
König: überall, auch wo er von Institutionen,
wo er von Parteien, von den Bewegungen spricht,
die freundlich oder feindlich auf seine eigene Ge=
schichte eingewirkt haben, erblickt er lebende, han=
delnde Einzelmenschen. Er stellt geistreiche und
tiefgehende völkerpsychologische Erwägungen an —
anderwärts übrigens ausdrücklicher und liebevoller
als in den Memoiren —; Ihm aber kommt all'
das doch schließlich nur in Betracht als Stoff für
den gestaltenden Staatsmann; nur unter diesem
Gesichtspunkte beschäftigt es ihn intensiv.

Und sicherlich, er übt damit das Herrenrecht
des großen Menschen aus, der zu gestalten, zu
handeln vermag. Er schrieb nicht als Forscher, er

sah die äußere Welt genau ebenso wenig wie seine innerliche mit den Augen des Gelehrten an; dazu war er viel zu sehr er selber, man darf ohne Lästerung gegen die Wissenschaft ruhig sagen: dazu war er viel zu groß; auch das Buch, das er ver= faßt, steht bei ihm naturgemäß nicht unter dem Zeichen der Erkenntniß, sondern des Willens. Wir müssen ihm die feinen Probleme seiner persönlichen Geschichte und ihres Zusammenhanges mit der all= gemeineren vorlegen, wie jene, die mich zu diesem Excurse geführt haben: die Fragen nach seinem be= wußten und unbewußten Verhältnisse zu Adel, Königthum, Preußenthum, Deutschthum; wir haben keine Ursache, uns zu wundern, wenn seine Aus= kunft uns nicht befriedigt, wenn seine Darstellung diese Probleme nach seiner Art und nicht nach der unsern anfaßt und unsere kritische Untersuchung vielleicht eher irreleitet, als aufklärt. Das ist be= greiflich und vielleicht unvermeidlich [1]). Er aber geleitet uns aus diesen Gefilden historisch=biogra=

---

[1] „Wie wird Fürst Bismarck selber uns darüber (d. h. über seine inneren Wandlungen) belehren?" habe ich 1895, nach seinem achtzigsten Geburtstage, gefragt (Biographische Blätter, Bd. I, S. 137). „Seine Denkwürdigkeiten liegen fertig da. Werden sie jene Fragen seines inneren Werdens behandeln, und wenn das, sie lösen? Oder werden sie, wie es die besten Selbstbiographien zu thun pflegen, neben vielem bedeutsamen Lichte zugleich neue Zweifel schaffen, ein neues, großes, inner= liches Problem allen bestehenden noch hinzufügen?" Mein Schlußabschnitt wird diese Frage noch einmal zu berühren haben. —

phischer Speculation auf den Schauplatz seiner ent=
scheidenden Thaten hinüber. Er durchmißt in dem
wuchtigen Capitel, das er „Rückblick auf die preu=
ßische Politik" überschreibt, die Zeiten zwischen dem
Tode des großen Königs und seinem eigenen Ein=
tritt in die Regierung, stets mit scharfer staats=
männischer Kritik, die dieses Mal ganz ausschließlich
vom Boden der preußischen Großmacht und ihrer
Bethätigung ausgeht, unter mannigfachen stillen
Seitenblicken auf die schwebende Politik der un=
mittelbaren Gegenwart. Und er reiht in dieser
Uebersicht, in der seine ganze Persönlichkeit zum
Ausdrucke kommt, die Menge der Gelegenheiten
zu preußischem Handeln auf, die Preußens Leiter
seit dreiviertel Jahrhunderten haben an sich vorbei=
gehen lassen, der „versäumten Gelegenheiten": erst
er selber bedeutet den Uebergang „vom Reden zum
Handeln, von der Phrase zur That". Dies Capitel
bildet die monumentale Pforte zu dem Eigensten,
wovon er überhaupt zu künden hat. Wir treten
über die Schwelle des Jahrzehntes der Reichs=
gründung.

VII.

Die neue Aera. Schleswig=Holstein.
Der Dualismus.

Ganz so ausschließend, wie er uns heute er=
scheint, ist der Gegensatz Bismarcks zur neuen
Aera in der Wirklichkeit der Jahre von 1858 ab

wohl nicht immer gewesen. Gegenüber den alten
Ministern der Reaction und ihren Gesinnungs=
genossen hat er sich auf die Seite des Prinzen
von Preußen gestellt, als dieser noch nicht die
Regierungsgewalt fest ergriffen hatte. Dann wurde
er freilich von Frankfurt, dem Mittelpunkte der
deutschen Politik, in der er lebte, abberufen und
nach Petersburg halb befördert, halb verbannt;
aber auch da noch rechnete er mit der Möglichkeit,
auf die Regierung zu wirken, und man kann sich
das Bild in der Phantasie ausmalen, wie Bis=
marcks innere und seine deutsche Politik sich etwa
fortentwickelt haben würde, wenn er noch vor dem
Bruche des Prinzregenten und Königs Wilhelm
mit den Liberalen in das Ministerium eingetreten
wäre. Den Verfassungsconflict hat er ja von vorn=
herein durchaus nicht gewollt; er wollte ein ge=
mäßigt=liberales System daheim und eine thatkräftige
Haltung nach außen hin. Von dem Aeußern ging
sein Interesse aus. Er wollte damals im Sinne
Preußens und seiner Großmachtstellung das uner=
träglich gewordene alte Bundesverhältniß ändern
oder sprengen und wollte deshalb mit voller Wucht
auch in die deutschen Verhältnisse hineingreifen.
Das sprechen seine politischen Briefe aus jener Zeit
deutlich aus. Weshalb hätte man das nicht auch
im Zusammenhange der neuen Aera und ihres Alt=
liberalismus unternehmen können? Damals zur
That berufen, würde auch Bismarck sie in so
mancher Hinsicht anders, liberaler durchgeführt

haben als nach dem Ausbruche des Conflicts: alle
Kämpfe, so mag man es sich vorstellen, wären
wohl leichter, alle inneren verfassungsgeschichtlichen
Entscheidungen ungefährlicher und vielleicht in er=
heblich anderer Richtung abgelaufen als es dann
geschah. Aber gewiß, es ist, aus vielen Gründen,
kein Zufall gewesen, daß es nicht so gekommen ist.
Schon das Eine genügt: die thatsächlich vorhandenen
Persönlichkeiten der neuen Aera waren derart, daß
er mit ihnen nicht zusammengehen konnte; auch
der Prinzregent war für die Sturmeskraft Bis=
marckscher Politik schlechterdings noch nicht reif.
Zwischen dem altliberalen Systeme und Bismarck
kann man sich irgend eine Verständigung denken,
zwischen der Regierung, wie sie war und wurde,
und ihm erwies sie sich als unmöglich. In den
Denkwürdigkeiten tritt vornehmlich dieser Gegensatz
zu Tage: sie enthalten über die persönlichen Erleb=
nisse und Beziehungen, über die Aufstellung Bis=
marcks als Candidat für das Auswärtige Amt (1860)
interessante und ziemlich überraschende Einzelheiten,
die man einmal urkundlich nachzuprüfen haben wird.
Im Uebrigen ist die Darstellung hier springend und
einigermaßen zusammenhangslos. Das Capitel über
den russischen Aufenthalt ist leicht und anmuthig,
aber auffallend arm an politischem und überhaupt
an allgemeinem Inhalt und, wie mir mitgetheilt
wird [1]), in manchen Einzelheiten anfechtbar; dabei

---

[1]) Dazu jetzt die kritischen Bemerkungen im Augustheft
der „Deutschen Revue", S. 129 ff.

bezeugt ein Kenner wie Th. Schiemann[1]), daß Bis=
marcks Petersburger Berichte im Berliner Archiv,
die der Fürst später selber „für den Druck bestimmt
hat, zu dem Großartigsten gehören, was auf diesem
Felde überhaupt geleistet worden ist". Gerade hier
macht sich die Entstehungsweise der Memoiren recht
deutlich geltend. Auch für die Pariser Monate des
Jahres 1862, für die Vorgeschichte der Minister=
schaft erhalten wir nur fragmentarische Mitthei=
lungen, fast alle im Anschlusse an den Briefwechsel
mit Roon. In Bismarcks Gedächtniß hat dabei
seine Abneigung gegen die Uebernahme des Berliner
Postens fester gehaftet als der ihr entgegenwirkende
Drang, der doch auch stark in ihm gewesen ist und
der uns aus seinen damaligen Briefen an Roon
und an Bernstorff lauter heraustönt als aus seiner
Erzählung: der Drang des großen Menschen, end=
lich die große Aufgabe beherrschend selber zu er=
greifen. Dann aber folgt der ebenso schlichte wie
reiche, für uns vorläufig und vielleicht auf immer
unersetzlich werthvolle Bericht über das Babels=
berger Gespräch, in welchem sich der Bund zwischen
Herrscher und Staatsmann schließt, der Bericht
über die nächtliche Fahrt zwischen Jüterbog und
Berlin, wo dieser Bund in tiefer Seelennoth be=
festigt wird, und jene zwei weit ausgreifenden
Abschnitte über die Vorgeschichte der preußischen
Politik und über die Dynastien und Stämme:

---

[1]) Im „Türmer" Januar 1899, S. 296.

das heißt, der doppelte Ausblick auf die aus=
wärtigen Aufgaben des preußischen Staates, auf
seine europäische Großmachthaltung einerseits und
andererseits seine deutschen Ziele. Ganz kurz wird
wiederum der innere Kampf, dessen Schwierigkeiten
und Gefahren doch groß waren und auch von
Bismarck keineswegs geleugnet werden, nur eben
berührt; die Minister werden rasch charakterisirt,
der Zwist mit dem Kronprinzen allein wird ein=
gehender behandelt: der persönliche Charakter dieses
Zwistes offenbar und der Besitz von Actenstücken
hat den Erzähler dazu veranlaßt. Sonst aber
wendet er sich fast ganz dem Auswärtigen zu, und
die Capitel „Die Alvenslebensche Convention",
„Der Frankfurter Fürstentag", „Schleswig=Hol=
stein", „Nikolsburg", „Der Norddeutsche Bund",
„Die Emser Depesche", „Versailles" steigen in fester
und stolzer Reihe, mit dröhnenden Schritten, Stufe
um Stufe bis zu den höchsten Höhen seiner Lebens=
arbeit empor. Was uns der Sieger aber aus dieser
unvergleichlichen Zeit vor Augen führt, das sind
nicht seine Siege, sondern seine Sorgen; selten nur
erzählt oder schildert er im eigentlichen Sinne, meist
erörtert, durchkämpft er die Fragen und die Gegen=
sätze, und der Eindruck dieses Ringens, das auch
das Buch des Greises noch so ganz erfüllt, ist
gewaltig.

Dennoch gilt es auch hier, diese Fragen, die
er stellt und entscheidet, unbefangen noch einmal
durchzudenken und auch hier die Zweifel, die sich

etwa anmelden, nicht niederzuhalten. Und in Wahrheit, die Zweifel bleiben nicht aus.

Der erste und wichtigste gilt den Absichten Bismarcks bis zum Ausbruch des sechsundsechziger Krieges. Was hat er in den ersten vier Jahren seiner Ministerschaft thatsächlich gewollt?

Für Schleswig=Holstein beantwortet er selber uns das in seinem Buche mit vollkommener und überzeugender Klarheit. Er hat von jeher die Annexion der beiden Herzogthümer an Preußen gewollt; er hat seit der Eröffnung der Krisis, dem Tode des dänischen Königs im November 1863, auf den Krieg mit Dänemark hingearbeitet; er ist es gewesen, der hier die Ereignisse und zwar mit der bewunderungswürdigsten und bewußtesten Sicher= heit, von sich aus geleitet hat. Das erwidern die Denkwürdigkeiten — im Voraus! — den Anklagen des Jansen = Samwer'schen Tendenzwerkes über „Schleswig = Holsteins Befreiung"; am durch= schlagendsten durch den Abdruck des großartigen Briefes, in dem Bismarck am 24. December 1863 seine dänische Politik gegen den Tadel seines Pariser Botschafters, des Grafen Robert Goltz, vertheidigte. Nicht näher eingegangen sind sie auf die Verhandlungen mit Herzog Friedrich von Augustenburg, und was sie dazu bemerken, ist schwerlich abschließend. Die Hauptsache aber er= scheint einfach und deutlich.

Nicht so deutlich hat Bismarck sich über sein Verhältniß zu Oesterreich ausgesprochen.

Die Vorgeschichte des deutschen Krieges hat er übersprungen: er hat Kohl 1893 auf die Masse der von beiden Seiten veröffentlichten Depeschen verwiesen, die Geschichte seiner Zeit schreibe er ja nicht. So ist das Einzige, was er hier wirklich erörtert hat, nicht die Entstehung des Bruches, sondern das Gegentheil davon, der Versuch des „Dualismus": einer gemeinschaftlichen Beherrschung Deutschlands durch die befreundeten beiden Großmächte Oesterreich und Preußen. Und freilich liegt hier eines der interessantesten Probleme seiner gesammten Laufbahn. Sybel (Begründung des Reiches, II, 447) hat fein und ruhig entwickelt, welche Wege sich dem neuen preußischen Minister 1862 darboten: außer dem Kriege mit Oesterreich eben auch die Verständigung, die entweder zu einer räumlichen Theilung Deutschlands unter die zwei Nebenbuhler, zu einer Auftheilung also wohl in eine norddeutsch=preußische und eine süddeutsch= österreichische Hälfte, oder aber zu einer Theilung des Einflusses über das einheitlich bleibende Deutsch= land zwischen jenen beiden führen konnte. Es ist seit Langem bekannt, daß Bismarck jeden einzelnen dieser Wege zu Zeiten eingeschlagen oder doch den Oesterreichern vorgeschlagen hat. Sein einziges, völlig unverrückbares Ziel war es sicherlich, für seinen Staat einen möglichst hohen Gewinn zu erreichen; der höchste Gewinn war stets die Ver= drängung Oesterreichs, aber es war möglich, daß diese unerreichbar war; dann wollte Bismarck

zweifellos das jeweils Höchste nehmen, das dann
noch übrig blieb. Aber ist ihm, auch dann, das
Zusammengehen mit Oesterreich je mehr gewesen
als ein Nothbehelf auf Zeit? Hat er je geglaubt,
daß es gelingen werde? Hat er diese Verständigung
deshalb je, ihrer selbst wegen, als etwas Bleibendes,
mit vollem Ernste erstrebt? Oder hat er sie nur
hingenommen, um alsbald selber darüber hinaus=
zuschreiten, sobald er dies eben vermöchte? Es
liegt auf der Hand, daß diese Frage auch dann
noch ihr Recht und ihr Interesse behält, wenn
man zugibt, daß der Minister sich sicherlich für
den Fall der klaren Unmöglichkeit einer besseren
Lösung mit dieser halben zufrieden geben mochte.
Aber war denn diese Lösung, die dualistische, selber
möglich? Lag in ihr nicht stets die Nothwendig=
keit ihrer eigenen Ueberwindung? Konnten die
beiden Großmächte, ehe sie sich gründlich aus=
einandergesetzt hatten, mit einander in ein festes
Verhältniß kommen? Man beobachtet, daß Bis=
marck, eben indem er die Oesterreicher 1863 64 in
preußische Bahnen zog, sie alsbald in eine arge
Sackgasse hineingestoßen hat; man hebt hervor,
daß dieses Zusammengehen für ihn eine Karte in
seinem Spiele war, nicht die stärkste, aber eine
brauchbare, und daß deren Ausspielung den Oester=
reichern nach dieser ersten Erfahrung nicht sehr
geheuer sein konnte[1]). Um so lauter wiederholt

---

[1]) So Lenz in unserm Gedächtnißbuch, S. 101 f.: vergl.
meinen „Kaiser Wilhelm I.", 3. Aufl., S. 237 ff., 402 f.

sich die Frage: War es für Bismarck jemals mehr,
jemals ein in sich selber und dauernd werthvoller
Zweck? Das gerade aber scheint es in den Denkwürdigkeiten zu sein. Diese sprechen ausführlich
von der Eröffnung Bismarcks an Karolyi, von
der Annäherung an Rechberg und malen die Folgen
aus, die ein Gelingen des dualistischen Systems
hätte haben können (I, 333 ff., 344 ff.); Oesterreichs Unterschätzung der preußischen Kraft und des
preußischen Muthes hat verschuldet, daß der Versuch nicht so wie er es verdiente aufgenommen
worden ist. „Der Dualismus würde, wie ich ihn
mir dachte, dem jetzt bestehenden Verhältniß ähn-
lich gewesen sein, jedoch mit dem Unterschiede, daß
Oesterreich auf die Staaten, die jetzt mit Preußen
das Deutsche Reich bilden, bundesmäßigen Einfluß behalten haben würde ... Diese Gestaltung
würde ... immerhin ein Fortschritt zum Bessern
gewesen sein" (346). Doch fügt Bismarck hinzu,
daß sie immer nur so lange hätte dauern können
wie das persönliche Vertrauen zu den beiderseitigen
Leitern; und er findet es (337) selber „zweifelhaft,
ob sie ohne die klärende Wirkung der Erfahrungen
von 1866 und 1870 sich in einem für das deutsche
Nationalgefühl annehmbaren Sinne friedlich, unter
dauernder Verhütung des inneren Zwiespalts, hätte
entwickeln können." Früher aber (I, 289) hat er,
gelegentlich seiner inneren Wendung in Frankfurt
seit 1851, es nicht nur als seinen damaligen Eindruck bezeichnet, „daß die gegenseitige Anlehnung

von Oesterreich und Preußen ein Jugendtraum war", nicht nur angegeben, daß er dort „die dualistische Auffassung" in sich überwunden habe, sondern den ganz allgemeinen Satz aufgestellt: „der gordische Knoten deutscher Zustände ließ sich nicht in Liebe dualistisch lösen, nur militärisch zerhauen." Das ist, in anderer Form, genau derselbe Gedanke, dem seine Denkschriften und Briefe in den fünfziger Jahren mehr als einmal so monumentalen Aus= druck verliehen haben.

Wie steht es nun? Ist er dieser Frankfurter Ueberzeugung später, als Minister, wirklich eine Weile lang untreu geworden? Hat man wirklich Anlaß, auf seine „dualistischen Angebote" von 1862 ab so viel Gewicht zu legen, wie es die Erinnerungen doch immerhin thun? Wenn er die Oesterreicher nach Schleswig=Holstein führte, so war es ja logischer Weise in der That denkbar, daß dieses Bündniß anders enden könnte als in einem un= entwirrbaren Streite über die gemeinsame Beute, d. h. im Kriege der beiden Verbündeten gegen einander. Bismarck hat ja versucht, die Beute, die zwei Herzogthümer, auf gütlichem Wege an Preußen zu bringen; aber war die Aussicht auf einen solchen Erfolg jemals groß? Ueberwog nicht von vornherein die Wahrscheinlichkeit, daß das Bündniß früher oder später die feindliche Aus= einandersetzung nach sich ziehen müßte? Gewiß, Oesterreich konnte ja nachgeben, und dann hatte Preußen einen Gewinn an Gebiet und einen

moralischen Sieg davongetragen — auch über
Oesterreich selbst! Man wird in der großen Politik,
zumal wenn innerliche Gegner aus irgend welchen
Gründen Hand in Hand gehen, mit den Be=
griffen Ehrlichkeit und Vertrauen sehr vorsichtig
zu operiren haben; Bismarck hatte nicht für die
Hofburg zu sorgen; Harmlosigkeit lag ihm doch
zweifellos überaus fern. Er stellte dem alten
Nebenbuhler nicht gerade eine Falle, indem er ihn
auf seine Seite zog; aber er muß doch gewußt
haben, daß jenem die neu geschaffene Lage zu einer
Falle werden könnte. Wer wußte es denn nicht?
Im Wiener Reichsrathe stellte (Ende Januar 1864)
ein Redner die sehr begreifliche Frage: „Wir führen
die Preußen mit Trommelwirbel und Schalmeien=
klang in die Herzogthümer hinein — und mit
welcher Melodie werden wir sie herausführen?"
(Friedjung I³, 80). Einen Monat zuvor hatte der
preußische Minister seinem Botschafter in Paris
in jenem ganz persönlichen, ganz rückhaltlos offenen
Briefe über seine dänische und deutsche Politik,
indem er seine Annäherung an den Kaiserstaat
siegreich rechtfertigt (II, 5), das Bekenntniß ab=
gelegt: „Sie trauen Oesterreich nicht über den
Weg. Ich auch nicht; aber ich finde es für jetzt
richtig, Oesterreich bei uns zu haben; ob der Augen=
blick der Trennung kommt und von wem, das
werden wir sehn."

Ich habe — nicht als Erster natürlich — in
meiner Biographie Kaiser Wilhelms I. die Dar=

stellung Sybels, der den großen Minister in diesen
Jahren von 1862 ab so gar friedfertig malt, an=
gezweifelt und dabei Widerspruch gefunden. Ich
möchte doch auch gegenüber den „Gedanken und
Erinnerungen" die Ansicht festhalten, daß der
dualistische Versuch in ihnen mindestens zu stark
betont ist, in seiner Absicht allzu positiv erscheint.
Schon Sybels Werk stand ja in seinen Auf=
fassungen, wie man immer gewußt hat und wie
das Buch Bismarcks von Neuem an vielen Stellen
deutlich beweist, unter dem unmittelbaren Einflusse
des Kanzlers. Wie aber ist dieser selbst dazu ge=
kommen, an jener Periode die Anläufe zum Ein=
verständnisse mit Oesterreich so besonders hervor=
zuheben? Die Erklärung würde leicht sein. Das
fragliche Capitel beginnt (I, 331) mit dem Satze:
„Die ersten Versuche auf der Bahn, auf der das
Bündniß mit Oesterreich 1879 erreicht wurde,
fanden statt, während ... Rechberg Minister war."
Also mit der späteren, freilich auf völlig neuer
Basis ruhenden Freundschaft zwischen dem Reiche
und Oesterreich setzt Bismarck diese älteren Her=
gänge in Zusammenhang. Die Gegenwart, inner=
halb deren er schrieb, wirft auch hier ihr eigenes
Licht auf die Vergangenheit zurück, sie bezeichnet
— und, wie ich meine, verändert — die Maße,
mit denen jene gemessen wird. Das Urtheil wird
bewußt oder unbewußt durch den Dreibund (oder
genauer den Zweibund von 1879) beeinflußt; Bis=
marck erschien sich nun selber, wenn meine Vor=

ausſetzungen zutreffen, ſchon in der Periode des Kampfes mit Oeſterreich ernſthafter zum Bunde mit jenem bereit, als er es in Wirklichkeit geweſen war. Und dann iſt vielleicht auch die Vermuthung nicht unberechtigt, daß das Schweigen ſeiner Memoiren über die Vorgeſchichte des 66er Bruches nicht lediglich daher ſtammt, weil ihm der Gegen= ſtand für allzu bekannt gegolten hätte. Es fehlte ihm, unter den Aſpekten von 1891, mindeſtens der Trieb, über jene Dinge von Neuem zu ſprechen: von dem lebendigen politiſchen Intereſſe ging eben doch das hiſtoriſche bei ihm aus. Wozu ſollte gerade er dieſe Kämpfe wieder aufrühren? Das gegenwärtige Verhältniß zu dem Donauſtaate hing für ſein Bewußtſein ja doch nicht mehr von dieſen alten Gegenſätzen ab: ſeine Sorgen richteten ſich da auf Anderes, auf den Oſten. So iſt denn auch die Nutzanwendung, die er aus dem Scheitern des „Dualismus“ im Jahre 1864 zieht (I, 350), wieder durchaus auf die Jahre nach 1890 zu= geſchnitten. Oeſterreich iſt von Natur aus un= berechenbar, und deshalb darf ſein Bundesgenoſſe auf andere Combinationen, d. h. auf die Ver= bindung mit Rußland, niemals abſolut verzichten. Es iſt der Staatsmann, der in Bismarcks Buche redet, und was er ſagt, will überall auf ſtaats= männiſche Abſichtlichkeit hin geprüft ſein. Mittel= bar oder unmittelbar wird man faſt immer die mannigfaltigen praktiſchen Beweggründe durch die Erzählung hindurchſchimmern ſehen.

VIII.

Nikolsburg und Ems.

Wir bleiben, unter vorläufiger Ausschaltung
der Abschnitte über den Norddeutschen Bund, zu=
nächst auf dem Boden der großen auswärtigen
Kämpfe. Die Capitel Nikolsburg und Ems
sind wohl für die Mehrzahl der Leser die eindrucks=
vollsten des gesammten Werkes. Die Wucht der
Ereignisse, die Bedeutung der Kampfesziele ist
ungeheuer, die Leistung Bismarcks springt in ihrer
ganzen Riesengröße heraus, und das Bewußtsein,
daß ohne Ihn alle diese hohen Thaten und diese
lebenschaffenden Erfolge undenkbar blieben, nimmt
den Betrachter ganz gefangen. Und gerade hier,
beim Friedensschlusse mit Oesterreich, beim Kriegs=
ausbruche mit Frankreich setzt sich die überlegene
Kraft seiner Einsicht und seines Willens nur mit
der äußersten Mühe, in persönlich schmerzlichen
Krisen durch. Auch seine Schilderung dieser Vor=
gänge hat, mehr als an den meisten Stellen sonst,
etwas dramatisch Hinreißendes, selbst in der äußeren
Form. Es ist mir nicht erlaubt, den Inhalt dieser
Abschnitte hier zu wiederholen; die Dinge selber
habe ich, bereits unter Benutzung der „Gedanken
und Erinnerungen", in meinem „Wilhelm I." ein=
gehend erörtert; hier muß ich mich auf die undank=
bare Aufgabe beschränken, wieder die Fragen und
Einwendungen zu vermerken, welche die eigene
Darstellung des Fürsten aufruft. Zu dem Capitel

„Nikolsburg" nur einige Worte. Es ist aus Bruch=
stücken zusammengesetzt, die zuerst die Gegnerschaft
des Ministerpräsidenten und der Officiere, dann
den Abschluß des Friedens behandeln und mancherlei
Lücken offen lassen. Wer ist der eigentliche Vater
der Annexionen, d. h. der großen, ganze Länder
umfassenden Annexionen in Norddeutschland? Nach
einigen Andeutungen hätte Bismarck Annexionen
überhaupt nicht nothwendig gefunden, und wesent=
lich der König hätte sie gefordert (vergl. auch I, 296;
II, 70). Freilich legt Bismarck selber dann die
Nothwendigkeit dar, Hannover zu nehmen und
es ganz zu nehmen (II, 71). Die Anfänge der
Annexionsgedanken, sowie die hiermit innig ver=
knüpften Unterhandlungen zwischen dem Haupt=
quartiere, Golz und Napoleon, berühren die
Memoiren kaum. Und doch wüßte man von diesen
interessanten und überaus heiklen Dingen sehr gerne
Näheres und Sicheres. Die thatsächlichen Angaben
Sybels gehen darin über die des Fürsten hinaus,
aber auch sie sind in sich selber nicht ganz durch=
sichtig, und sie werden hier nicht klarer aufgehellt.
Ich habe den Eindruck, daß Bismarck die nord=
deutschen Annexionen doch nicht nur widerstrebend,
sondern äußerst activ angefaßt und durchgesetzt
habe. Und handelte es sich bei dem Ringen zwischen
ihm und seinem Herrscher in Nikolsburg, wo Wil=
helm mehr und weiter wollte, und Bismarck mit
überwältigender Weisheit die Selbstbescheidung und
den Frieden erzwang, in der That um den Gegen=

ſatz zwiſchen preußiſch=dynaſtiſchem Particularismus
auf Wilhelms und deutſch=nationaler Einheit auf
Bismarcks Seite (I, 295; II, 46) und nicht, zunächſt
noch, weſentlich nur um den Gegenſatz zwiſchen
Staatsmann und Militär, zwiſchen der Be=
ſchränkung auf das Mögliche und dem Griffe nach
dem Unmöglichen? Vielleicht werden aus den Acten,
wenn ſie uns einmal wirklich in echter und voller
Form vorliegen, auch dieſe Dinge, ſo fein und
ſubjectiv ſie ihrem Weſen nach ſind, aufgeklärt
oder doch beſſer beleuchtet werden können [1]).

---

[1]) Seitdem ich dieſe Sätze ſchrieb, hat wieder Lenz (im
Juliheft der „Rundſchau") ſeine genaue Unterſuchung über das
Capitel Nikolsburg veröffentlicht. Er hat auch hier kleinere
Fehler der Denkwürdigkeiten feſtgeſtellt und berichtigt. Er
begegnet ſich in der Kritik von Bismarcks Ausſagen über und
gegen die Officiere mit Oscar v. Lettow=Vorbeck (Geſchichte
des Krieges von 1866 in Teutſchland, II, 1899, beſonders
S. 651; ich habe Herrn Oberſten v. Lettow überdies einen
werthvollen brieflichen Hinweis auf die Bedenken, die Bismarcks
militäriſchen Urtheilen hier entgegenſtehen, zu danken, vgl. Lenz
111 f.). Hauptſächlich aber hat Lenz, nach den vorausgehenden
Verſuchen von Friedjung, v. Lettow und mir, in die Ver=
handlungen Bismarcks, zumal die franzöſiſchen, tiefer ein=
zudringen getrachtet und dieſe überaus ſchwierigen Fragen
energiſch und intereſſant beleuchtet. Zu abſchließenden Ergeb=
niſſen kann man, wie er ſelber ausführt, noch nicht kommen,
für König und Miniſter bleibt ſo manches Wichtige zweifel=
haft; daß die Darſtellung der „G. u. E.", ſoweit man ſie
an urkundlichem Materiale nachprüfen kann, im Einzelnen
und Ganzen (preußiſche oder deutſche Tendenz? allgemeine
Stellung zu den Annexionen? Behandlung Sachſens?) ſtarken
Ergänzungen und Bedenken unterliegt, iſt aber klar. Auch

Die objective Hauptsache, das Recht und die
Mäßigung Bismarcks, die unbedingte Heilsamkeit
des Sieges seiner Meinung in den Fragen des
Friedensschlusses ist für den Juli 1866 wohl bereits
jetzt vollkommen klar. Dagegen bleibt bisher sogar
seine eigentlichste Leistung als Staatsmann in dem
zweiten Falle, dem 1870er, einigermaßen dunkel.
So reizvoll Vieles an dem Emser Capitel ist,
Neues gibt es, den früheren Aeußerungen Bismarcks
gegenüber, so gut wie gar nicht, und das, was wir
am liebsten wissen möchten, wird auch hier und hier
vollends nicht erläutert. Schon Bucher hat es be=
klagt, daß sein Herr die Beziehungen mit Napoleon
vor 1870 nicht im Zusammenhange dargestellt hat.
Später soll Bismarck es vorgehabt haben; gethan
hat er es nicht. Einige verstreute Bemerkungen
(II, 49, 51 f., 103, 143, 168) berühren die allgemeine
Vorgeschichte des Krieges, die europäische Lage
zwischen 1866 und 1870. „Ich war nicht zweifel=
haft,“ heißt es da, „daß ein deutsch=französischer
Krieg werde geführt werden müssen, bevor die
Gesammt=Einrichtung Deutschlands sich verwirk=
lichte.“ Nur hinausschieben habe er diesen Krieg
gewollt, bis Norddeutschland sich für ihn besser
gerüstet habe; seine Politik aber stand nach 1866
unter der „Voraussicht des Bruches von 1870“.
Damit wird also die Frage nach dem Ursprunge

---

die Erzählung der Krise vom 23. und 24. Juli erweckt Zweifel,
die vor der Hand schwer zu lösen sind.

dieses Bruches erheblich eingeengt: unvermeidlich
war er, es handelt sich nur darum, ob er 1870,
als ihn die spanische Candidatur zur Wirklichkeit
machte, mit oder ohne Absicht Bismarcks ein=
getreten ist. Auch da ist wieder klar und von
Bismarck selber hervorgehoben, daß der eigentliche
Ausbruch von ihm selbst durch seine Emser Depesche
mit vollem Bewußtsein herbeigeführt worden ist.
Unsicher ist nur das Eine: die spanische Sache hat
die Franzosen vorwärts getrieben; hat Bismarck
diese Sache angelegt, hat er solche Folgen von ihr
erwartet, ja gewollt? Und da nun erklärt er, daß
er von dieser Candidatur nichts derart erwartet,
nichts derart mit ihr bezweckt habe. Er stellt sie
völlig isolirt dar, ohne Zusammenhang mit den
Europa erfüllenden gefährlichen Gegensätzen, mit
den besonderen Vorgängen von 1869 und 1870.
Er gibt an, daß er sie als eine spanische und nicht
als eine deutsche Frage betrachtet habe; daß er
mehr an eine Förderung wirthschaftlicher als
politischer Beziehungen durch einen deutschen König
von Spanien gedacht habe. Ein befreundetes
Spanien war für Teutschland immerhin erwünscht,
aber ihm sicherlich keine Hülfe im Kriegsfalle. An
der freundlichen Aufnahme des den Bonapartes
verwandten Hohenzollern durch Frankreich hatte
Bismarck „nicht den mindesten Zweifel". „Politisch
stand ich der ganzen Frage ziemlich gleichgültig
gegenüber. Mehr als ich war Fürst Anton geneigt,
sie friedlich zu dem erstrebten Ziele zu führen."

Bucher hat 1892 diesen bestimmten Erklärungen des Kanzlers den Glauben verweigert; und Bucher war 1870 dessen geheimer und vertrautester Agent gerade in den spanischen Angelegenheiten gewesen. Die Tagebücher des Königs von Rumänien haben seitdem der Welt gezeigt, daß Bismarck die spanische Candidatur mit vollster Wucht betrieben, die Sigmaringer Hohenzollern erst in sie hinein gestoßen hat; vielleicht stammt bereits die erste Anregung von ihm, sicherlich alle weitere Betreibung: eine Anzahl wichtiger neuer Enthüllungen stellt das immer deutlicher vor Jedermanns Auge. Der Kanzler hat sich mit den 1894 erschienenen Tagebüchern in einer nachträglichen Bemerkung (S. 81) auseinandergesetzt, die leider sehr kurz und gegenüber dem einzigen Detail, das sie angreift, sachlich kaum im Rechte ist. Wenn er nun behauptet, die Candidatur lediglich harmlos gemeint zu haben, so wage ich nicht positiv zu sagen, daß dies falsch ist, aber annehmen kann ich seine Sätze erst recht nicht. Er hat in dieser Sache einen sehr stattlichen Apparat und zwar mit rastloser Beharrlichkeit in Bewegung gesetzt und erhalten, und Alles hinter Frankreichs Rücken. Er hatte zu Alledem jegliches Recht, und ich spreche von Neuem aus, daß seine Politik in diesem Jahre mit großartiger Kraft das Nothwendige gethan hat; jede weichliche Krittelei an ihr liegt mir vollständig fern; hat er den Krieg wirklich angelegt, so war das eines der höchsten Verdienste seines gewaltigen

Lebens. Aber die Räthsel, die seine Handlungen und Beweggründe für uns noch umspielen, werden durch seine Erzählung nicht im Geringsten beseitigt. Seine Einwirkung, das sehen wir, war von Anfang an weit stärker, als er zugibt. Was man daraus und aus Allem, was wir wissen, für seine Absichten folgern darf, will ich hier nicht von Neuem diskutiren, und eine ganz feste Entscheidung wüßte ich nicht zu treffen. Die Erklärungen seines Buches, so wie sie sind, befriedigen wohl Niemanden, der das gedruckte Material kennt und es unbefangen erwägt. Es wäre eine gewiß nicht unmögliche, aber ebenso gewiß eine starke Ueberraschung, wenn sie durch die Acten wirklich dereinst voll bestätigt werden sollten. Wenn aber nicht, so wird man es verstehen, wie der große Diplomat, dessen spätere Weltstellung auf dem Erfolge von 1870 ruhte, dazu gekommen ist, aus den sicherlich verschiedenartigen Berechnungen und Möglichkeiten, die ihm, als er diese Candidatur betrieb, vorgeschwebt haben mögen, die friedlichen vornehmlich herauszuheben und sie in seinem Bewußtsein und seinen Erzählungen in den Vordergrund zu stellen. Die Franzosen bleiben ja zweifellos, durch ihren Widerstand gegen unsere Einigung, immer die eigentlichen Verursacher des siebziger Krieges; sie haben auch im Juli jenes Jahres selber den Anlaß, den Bismarck ihnen, ob nun absichtlich oder unabsichtlich, darbot, mit Feuereifer ergriffen, und sie haben dann den Krieg unvermeidlich gemacht. Bismarck

hat ihnen später Alles zugeschoben, sich selber —
abgesehen von der Emser Depesche — schlechter=
dings gar nichts. Auch Bucher und Busch gegen=
über muß der greise Staatsmann das gethan
haben; es ist nur anzunehmen, daß er von dieser
Anschauung durchdrungen war. War sie irrig, so
liegt hier wieder die hundert Mal gemachte Er=
fahrung von den Veränderungen vor, welche die
Thatsachen des eignen Lebens im Gedächtniß aller,
zumal der handelnden Menschen durchmachen; und
wieder steht ja hier in jedem Falle nicht bloß der
Historiker, sondern zugleich (oder sogar wesentlich?)
der Diplomat vor uns. Vorläufig aber bleibt
die psychologische Erklärung seiner Anschauung von
den Thatsachen ebenso wie die Feststellung und Er=
klärung der Thatsachen selber uns noch ungewiß [1]).

---

[1]) Otto Kämmel, der seither die spanische Frage einer
neuen, in mehreren wichtigen Punkten anregenden und werth=
vollen Behandlung unterzogen hat (Grenzboten 1899, II, Nr. 24 f.),
deutet auf die Möglichkeit hin (S. 632), daß sich der Fürst,
„weil er das endliche Mißlingen der von ihm mit solchem
Nachdruck und aus so guten Gründen betriebenen spanischen
Candidatur als eine persönliche Niederlage empfand, allmählich
und unwillkürlich ein Bild von den Thatsachen zurechtgelegt
habe, das ihm die ganze Angelegenheit als nebensächlich und
als unbedeutender zeigte, als sie in Wirklichkeit gewesen war".
Das wäre denkbar und will erwogen sein. Kämmel hat im
Uebrigen die internationale Lage von 1869 und 1870 von
Neuem geschildert und die Zeugnisse zusammengestellt, die uns
bisher erkennen lassen, was man in Berlin von den Machen=
schaften Napoleons und seiner österreichisch-italienischen Freunde
wußte. Er hat zu entwickeln gesucht, was Bismarck von

Das gilt auch, stärker als es wohl die Meisten empfunden haben mögen, für Bismarcks Stellung nach dem Ausbruche der Krise, in der Woche vom 5. bis 12. Juli 1870. Der Bundeskanzler ver= weilt nach dem plumpen parlamentarischen Angriffe Gramonts auf Preußen noch Tage lang in dem entlegenen Varzin. Die Unterhandlungen seines Königs mit Benedetti mißbilligt er dabei heftig; die Ausführung, wieso die weitgehende Nachgiebig= keit Wilhelms die deutsche Sache geschädigt habe, ist der interessanteste Theil des Capitels. Was aber Bismarck selber damals gewollt und gethan oder unterlassen hat, berichtet er uns nicht; auch dieses Räthsel dürfte sich erst im Zusammenhange des gesammten Problems der Vorgeschichte lösen. Den Schluß hat er wundervoll erzählt: daß wir seine Darstellung vom Entstehen der Emser Depesche, mit Moltke und Roon als mitwirkenden Zeugen, daß wir sein Urtheil über Werth und Wirkung der Depesche nun ganz unmittelbar aus seinem

Spanien erhofft haben kann — auch im Sinne seiner französischen Politik und selbst für den Fall eines französischen Krieges: es mag doch wirklich sein, daß die „spanische Fliege" in Napoleons Nacken dem Kanzler ganz unmittelbar mehr bedeutete, als man zunächst glauben möchte (S. 628 ff.), und daß er von Spanien mehr erwartet hat, als es dann hielt. Als eine Falle, die Napoleon in den Krieg locken soll, will auch Kämmel die Candidatur nicht auffassen. Nicht in allen Einzel= heiten, aber in den Hauptsachen stimme ich seiner Kritik zu; die Räthsel ganz zu lichten, gelingt wohl uns allen vorläufig noch nicht. Meinen Text kann ich unberührt lassen.

eigenen Munde besitzen, das ist einer der erfreu=
lichsten Einzelgewinne, die wir seinem Buche ver=
danken.

IX.

Versailles. Bismarck und Wilhelm I.

Von dem französischen Kriege selber sagen
uns die „Gedanken und Erinnerungen" fast nichts;
aber die politischen Streitigkeiten, die der Bundes=
kanzler im Hauptquartiere den langen Herbst und
Winter hindurch ausfechten mußte, haben sie alle
mit merkwürdiger Frische und Schärfe der Feind=
seligkeit festgehalten. Das Capitel Versailles
ist ganz angefüllt von Kämpfen. Die Officiere des
Generalstabes — das ist doch der Inhalt —
drängen Bismarck aus den entscheidenden Be=
rathungen hinaus; die Intervention der Neutralen
droht und nur mühsam, gegen den unsachlichen
Widerstand Gortschakows, kann Bismarck sie be=
schwören; die nothwendige Beschießung von Paris
wird, lediglich dank den nicht minder unsachlichen
Einflüssen hoher Damen, der englischen zumal,
weiter und weiter aufgeschoben; die Kaiserfrage
bringt den Minister zuerst theilweise zum Kron=
prinzen, dann vollends zum Könige in heftigen
Gegensatz: es ist eine Aufreihung von Anklagen
und Vorwürfen. Historisch gemildert haben die
zwei Jahrzehnte die Empfindungen des Erzählenden
nicht. Aber mit dem, was uns die Tagebücher und
Briefe aus jenen Monaten selber über Stimmungen

und Gegensätze in Versailles lehren, stimmen die Erinnerungen des alten Kämpfers in allem Wesentlichen überein. Und auch wer die grimmigen Urtheile, die hier, mit geringen Ausnahmen, mehr oder weniger beinahe alle von Bismarck erwähnten Mithandelnden erfahren, keineswegs herübernimmt[1]), wird dem großen Reichsbegründer

---

[1]) Der Protest, der hier angedeutet worden ist, ist für einen Theil der Betroffenen in der schönen Schrift des Generals von Blume „Die Beschießung von Paris 1870/71, und die Ursachen ihrer Verzögerung“, Berlin Mittler 1899, ausführlicher erhoben und begründet worden. Ob sie die Frage nach dem sachlichen Recht oder Unrecht in dem Streite über die Beschießung völlig abschließend erledigt hat, weiß ich nicht; aber daß die Gegner der Beschießung im deutschen Hauptquartiere sehr ernste und in der Hauptsache gewiß überwiegende, sachliche Gründe für ihre Handlungsweise gehabt haben und „daß die Verzögerung des Angriffes auf Paris sich hinlänglich auch ohne die Annahme pflichtvergessener Nachgiebigkeit gegen fremdartige, dem vaterländischen Interesse schädliche Einflüsse erklärt“, das scheint auch mir über jeden Zweifel erhaben zu sein. Die einschlägigen Vorwürfe Bismarcks gegen die Unsachlichkeit der hohen Officiere (II, 111 ff.) schließen, wie Blume es ausspricht, in der That den der schweren Pflichtverletzung gegen das Vaterland in sich und müssen sicherlich rundweg abgelehnt werden. Daß das Verhältniß zwischen Bismarck und dem Generalstabe während des Krieges zu wünschen übrig ließ und daß der Kanzler hier sachlichen Anlaß zur Klage hatte, geht auch aus Blumes Darlegungen hervor. Auch Blume hat diese Gegensätze — mit gutem Rechte, und mit Feinheit und Ruhe — psychologisch begriffen und sie ohne Einseitigkeit aufgefaßt: darin wird ihm dankbar auch der zustimmen, der seinen Erläuterungen etwa nicht in allem Einzelnen zu folgen vermöchte.

7*

das überwiegende sachliche Recht, das unermeßliche
Verdienst während dieser an Sorgen wie an Thaten
überreichen, heroisch schöpferischen Zeiten in staunen=
der und dankbarer Bewunderung immer von Neuem
zuerkennen. Ich darf für das Sachliche im Ganzen
auch hier auf meine Kaiserbiographie verweisen
und an dieser Stelle nur Eines herausgreifen, was
sich dem Leser der Denkwürdigkeiten wie Buschs
und Abekens im Laufe dieses Kriegswinters be=
sonders stark aufdrängt: das Verhältniß Bis=
marcks zu seinem Herrscher.

Bei der Kaiserproclamation des 18. Januars
1871, so erzählt Bismarck, hat Wilhelm I. ihm in
persönlicher Gereiztheit die Hand verweigert —
weil Bismarck ihn gezwungen habe, deutscher Kaiser
zu heißen, anstatt Kaiser von Deutschland. Ich
habe die Deutung aufgestellt, daß es nicht eigent=
lich dieser kleine Unterschied der Titelfassung ge=
wesen ist, der Wilhelms Unwillen erregt hatte,
sondern vielmehr der Zwang, mit dem der Kanzler
— als Organ der sachlichen Nothwendigkeit —
seinem Könige das Kaiserthum überhaupt auf=
gedrängt hatte, ihm, der preußischer König zu
bleiben wünschte, und dem der Kaisername in keiner
der beiden Formen angenehm klang; für diese
Deutung sprechen die Worte des Briefes, den
Wilhelm damals[1]) an seine Gemahlin schrieb.
Sein Groll verlöre darnach an Kleinlichkeit, wenn

---

[1]) Bei Oncken, Unser Heldenkaiser, S. 218.

auch die Titelform im engeren Sinne es gewesen ist, an die sich dieser tiefer sitzende und inner= licher begründete Groll äußerlich anschloß. Man kann ferner anführen, daß Wilhelms Unfreundlich= keit, die nach den Memoiren „mehre Tage" anhielt, ihn doch nicht gehindert hatte, seinen Minister gerade am 18. Januar zum Generallcutnant zu erheben — was für Wilhelms Empfinden doch nichts Geringfügiges war —, und daß er am 20. bereits in Bismarcks Wohnung gewesen ist. Be= stehen bleibt es doch: am Tage des höchsten Er= folges, dem Tage, der wenigstens das Symbol für Bismarcks größte Leistung bildete, hatte dieser die Ungnade des Herrn zu erfahren, der Kaiser wurde wesentlich durch ihn. Wenn ich nicht irre, so hat keine Einzelheit in den beiden Bänden auf die Leser so viel Eindruck gemacht, so verblüffend und so erregend gewirkt wie diese. Es ist nicht leicht, den Meisten ganz verständlich zu machen, wie unendlich viel das Opfer, „den preußischen Titel verdrängt zu sehen", dem greisen Hohenzollern bedeutete, und wie ehrwürdig er in diesen Wochen des Widerstrebens doch blieb, wie wichtig die mühselige Selbstüberwindung, die gerade in diesem Widerstand bekundete tiefe Lebendigkeit des Alt= preußenthums für unsere Geschichte, für die Zu= kunft des Reiches war. Man hält sich dem gegen= über allzu leicht an die sichtbare eine Thatsache; ich glaube, beobachtet zu haben, daß viel harte und ungerechte Urtheile über König Wilhelm daran

geknüpft worden sind. Wer ohne Oberflächlichkeit
ehrlich begreifen will, muß in die Empfindungs=
welt des alten Herrn eindringen, in der doch mehr
als bloß Persönliches, in der starke sachliche Ge=
walten zu ihrem berechtigten Ausdruck kommen;
und er muß die Vorgänge dieses Winters auf sich
wirken lassen, so wie sie die Summe der ver=
schiedenartigen Zeugen uns veranschaulicht. Da
wird man neben Bismarck, Roon, Busch und den
Uebrigen, deren ungeduldige Vorwürfe uns bewegen,
die ruhige Stimme Abekens hören, auf dessen aus=
gleichendes Urtheil ich früher hinwies. Man lese
bei ihm, wie er zwischen König und Kanzler als
Bote, aber zugleich ein wenig als Vermittler hin
und her geht; wie es Wilhelm dabei durch einen
peinlichen Zufall erfährt und wie liebenswürdig
er es erträgt, daß sein Minister ihn über Holn=
steins ganze gewichtige Sendung in vollkommenem
Dunkel gelassen hat; wie Wilhelm gelegentlich in
heftigem Zorne aufbraust und sich dann tapfer
bezwingt; wie er mit zartsinniger Güte seinem
vielerregten großen Diener neuen Aerger fern zu
halten sucht, so daß auch dieser es gerührt empfindet;
und wie Abeken in seiner ängstlichen Gerechtigkeit
doch urtheilt: „der Minister schont auch den König
nicht, wie er sich selber nicht schont". So be=
greiflich es ist, so wahr ist es doch auch, daß an
der Heftigkeit der persönlichen Reibungen auch
Bismarck seinen natürlichen Schuldantheil trug;
man darf das nicht vergessen, wenn man ihn klagen

und anklagen hört. Wie 1866 waren auch dieses
Mal „die maßgebenden Nervensysteme" allesammt
überreizt, und die Empfindlichkeit des dreiundsiebzig=
jährigen Königs, auf den die Beschwerden aller
Parteien unabläſſig eindrangen, war schließlich
mindestens ſo erklärlich wie die des Kanzlers: es
war keine Kleinigkeit, daß und wie Wilhelm es
verstand, ſie zu überwinden. Und er hat doch
wahrlich mehr geleistet, als ſeinen eigenen Wider=
ſtand gegen unerläßliche Neuerungen, die ihm von
Hauſe aus fremd und verhaßt waren, ehrenwerth
niederzudrücken. Es gilt zwar heute noch genau
ſo wie vor zwei Jahren, daß in allen großen
Angelegenheiten des deutſchen Lebens von 1862 ab
nicht Kaiſer Wilhelm, ſondern Bismarck der eigent=
lich Wirkende geweſen iſt: das wird, glaube ich,
für immer unzweifelhaft beſtehen bleiben, auch
wenn, wie zu erwarten iſt, eine wachſende Kenntniß
der urſprünglichen Quellen, zumal der Aeußerungen
des Kaiſers ſelbſt, uns noch immer deutlicher
zeigen wird, daß dieſer niemals bloß geſchehen ließ,
ſondern ſtets einwirkte, ſich ſelber behauptete, und
daß er ſo in jedes Ereigniß wie in jede ſachliche
Schöpfung ſeiner Regierungsepoche ein Stück ſeines
Weſens mit hineingebracht hat. Dennoch iſt es
kein Zufall, daß gerade ſolche Hiſtoriker, die 1897,
Angeſichts der Hundertjahrfeier für Wilhelm I., den
Antheil Bismarcks mit beſonderer Schärfe hervor=
gehoben haben, ſich heute, gegenüber dem er=
drückenden Eindrucke des Bismarck=Buches, aus

genau denselben Beweggründen der Gerechtigkeit
gedrungen fühlen, einer Unterschätzung des alten
Herrn entgegenzutreten[1]). Ich will hier nicht von
Neuem ausführen, wie positiv werthvoll es war,
daß über den streitenden Großen in seinem Lager
und seinem Rathe der Herrscher mit seiner schlichten
Majestät, trotz mancher Nöthe, allezeit die noth=
wendige Einheit einer obersten Leitung gewahrt
hat, ohne dabei den Einzelnen die Freiheit ihres
Wirkungskreises zu beschränken, und wie er so
seinen Platz mit heilsamer, ja unentbehrlicher
Thätigkeit handelnd ausgefüllt hat. Aber gerade
wenn man an die Arbeiten seines Kanzlers ins=
besondere denkt, wird man der Wucht gedenken
müssen, mit welcher der König stets, wenn er erst
den Entschluß zu einer politischen Action in sich
und mit Bismarck durchgerungen hatte, seinen
ganzen Willen hinter diese Action gesetzt hat, auch
gegen den Widerstand derer, denen er von Hause
aus innerlich nahe stand, und auch gegen starke
Widerstände. Wie er ausglich, Schroffheiten seines
genialen Dieners milderte, wie er dadurch den Gang
wichtiger Dinge auch selbständig und wohlthätig
beeinflußte, davon werden wir sicher noch mehr
Beispiele erhalten, als wir bisher besitzen; das
alles aber sind positive Leistungen. Dem Minister

---

  [1]) So H. v. Petersdorff in der im März 1899 er=
schienenen Abhandlung über „Fürst Bismarcks Gedanken und
Erinnerungen und Treitschkes Politik" (Bismarck=Jahrbuch VI, 3)
S. 290, dem ich ganz beistimme.

erschien dieses Eingreifen seines Herrn allzu leicht
nur als ein Hemmniß; er, der Mithandelnde, war
indessen auch nicht berufen, das historische Urtheil
über das Maß der verschiedenen zusammenwirkenden
Kräfte zu sprechen. Das aber hat ja Bismarck
stets gewußt und bekannt, daß dieser schlichte
und langsame Mann, über den er so manches
Mal klagte, dennoch der beste Verbündete war, den
er überhaupt und je besessen hat. Es bleibt doch
die selbstverständliche Wahrheit, die man heute gut
thut von Neuem zu betonen: wenn Wilhelm nichts
ohne Bismarck geschaffen haben würde, so doch
auch Bismarck nichts ohne Wilhelm; sein Dasein,
seine Treue, seine Mitarbeit bildeten die Voraus=
setzung und nicht bloß den Hintergrund von Bis=
marcks ganzem Werke. Wilhelm war nun doch
einmal der König. Alle Welt hat jetzt vor Augen,
was an ihm und an seinem Königthume den
Genius gestört und gehindert hat. Aber welche
Art von Regierung kann man denn überhaupt
ausdenken, für Deutschland zunächst, aber auch
für irgend ein anderes Land sonst, die einem
Bismarck mehr denn ein Vierteljahrhundert hin=
durch freiere oder nur ebenso freie Hand geschafft
und gelassen hätte als diese Monarchie und dieser
Monarch? Jede andere, die man sich vorzustellen
vermag, hätte ihn stärker gebunden und früher ab=
geschüttelt; und die einzige Form, die ihm be=
quemer hätte sein können, wäre doch wohl die ge=
wesen, daß er selber König war. Daß er es nicht

war, hat er oft mit bitterer Ungebuld gespürt;
aber er war es doch einmal nicht. So aber wird
sich dem ruhigen Betrachter das Zusammenwirken
der Beiden, wie es gewesen ist, auch nach allen
Enthüllungen dieses Jahres — die dem Kenner der
schon früher erschlossenen Quellen höchstens im
Einzelnen Neues gesagt haben — genau so wie
vorher als das vielleicht höchste und glücklichste
darstellen, das überhaupt erreichbar war; daß es
durch steten Kampf hindurchging, ist bei der Größe
dieser Gegenstände und bei der Stärke dieser
Menschen und ist überhaupt bei allem gesunden
und großen menschlichen Wirken unvermeidlich.

Die Zeugnisse dieses Kampfes sind uns ja schon
bei Busch begegnet; ich habe die scharfen Aeuße=
rungen, die Bismarck bei ihm auch über den König
thut, berührt. Sie sind manchmal durchaus un=
gerecht, handgreifliche Uebertreibungen des Augen=
blicks, und niemals erschöpfen sie die gesammte Ge=
sinnung des Kanzlers. Aber zu so manchen Aus=
brüchen seiner privaten Correspondenz stimmen sie,
und es beweist überdies für Buschs Zuverlässigkeit,
daß dieselbe Entwicklung, die man vor Buschs
Publication in dem Verhältnisse der beiden Großen
beobachten zu können meinte[1]), auch bei ihm
wiederkehrt: von etwa 1880 ab tritt auch in diesen
Gesprächen Bismarcks die Kampfesstimmung zurück
und eine stets wachsende Einigkeit mit dem Kaiser

---

[1]) „Kaiser Wilhelm I." 1356 f., 3383 ff.

hervor. In dieselben Zeiten fallen die schönsten
und wärmsten seiner Briefe an Wilhelm. Und diese
Briefe geben überhaupt ein Maß für jene münd=
lichen Aeußerungen ab. Auch in den vorhergehenden
beiden Jahrzehnten hat Bismarck seinem Herrn in
ihrem Schriftwechsel Widerspruch und geradezu per=
sönliche Auseinandersetzung nicht erspart; er hat
sich da stets ehrlich und aufrecht in seiner eigensten
Würde behauptet und ihm niemals geschmeichelt.
Trotzdem enthalten die Briefe auch schon der älteren
Periode Beweise einer wundervollen Wärme und
Zartheit des Empfindens, die später nur noch
häufiger und volltönender werden; die Bekenntnisse
von der Treue des Lehnsmanns und des Officiers
und von der Liebe des Dieners zu einem solchen
Herrn stehen dicht neben denen seines wahrhaftigen
Stolzes. Mitten im Kampfe mit Wilhelm hat
Bismarck (1869) zu Roon geklagt, daß ihm dieser
Kampf in seinem persönlichsten Gefühle unerträglich
sei — eben weil er den König lieb hatte. Das
ergibt sich schon aus allen diesen Documenten
seiner früheren Zeit, und nur wer Menschliches
nicht begreifen kann oder will, wird es für un=
möglich erklären, daß sich das scheinbar Wider=
strebende, Hingabe und Hochachtung in der einen,
Groll und Vorwurf in der anderen Stunde, zur
selben Zeit und in derselben lebendigen und leiden=
schaftlichen Seele vereint. Nun sagen uns die „Ge=
danken und Erinnerungen", wie der Altreichskanzler
nach 1890 auf jenes Verhältniß zurücksah. In

seinem Buche kommen die alten Kämpfe wieder laut zu Worte, aber sie klingen in Versöhnung und herzliche Liebe aus: das ist Bismarcks letzte Aeußerung über seinen verstorbenen Kaiser gewesen. Man hat dieses schönste seiner Capitel („Kaiser Wilhelm I.") der Absichtlichkeit geziehen, als habe er vor Welt und Nachwelt mit idealisirender Feierlichkeit von Dingen gehandelt, die er in Wirklichkeit weit herber und kritischer empfand[1]). Ist das wahr? Hat er sich wirklich mit Gesinnungen drapiren wollen, die er eigentlich nicht besaß? Unser Gefühl ruft unwillig: nein; es vermag nicht anzuerkennen, daß Bismarck jemals posirt habe; gerade daß er dies nicht konnte, ist ganz gewiß einer der leitenden Züge seines Wesens. Wäre es aber nicht trotzdem immerhin möglich, daß er aus staatsmännischer Ueberzeugung es für wünschenswerth gehalten hätte, in seinem Urtheil über den Monarchen vor der Welt eine stärkere Zurückhaltung und Milde zu üben, als er, der ja „drei Könige nackt gesehen hatte", es innerlich that? Diese Möglichkeit will nicht gefühlsmäßig kurzer Hand verneint sein; es ist ganz richtig, daß man bei jedem Ausspruche des großen Politikers zugleich immer die Frage nach dem Zwecke stellen muß, den er damit bewußt oder unbewußt verfolgt haben könnte. Das Recht dieser Frage hat Fr. Meinecke in seinem

[1]) Vgl. Bamberger S. 7.

Aufjatze[1]) scharf betont, und ich selber habe sie bis=
her mehr als einmal aufzuwerfen gehabt. An sich
ist sie auch hier nicht unberechtigt. Aber die kritisch=
ruhige Erwägung führt, scheint mir, hier zu dem
Schlusse: die Stimmung, die Bismarck in den
Memoiren, in jenem vorletzten Capitel zumal,
Wilhelm I. gegenüber ausdrückt, ist unbedingt echt.
Jede schärfere monarchistische Tendenz, so wie sie
der Reichskanzler vor 1890 sicherlich verfochten
hätte, fehlt den „Gedanken und Erinnerungen";
soweit sie eine Tendenz haben, ist sie vielmehr
persönlich=oppositionell, das heißt, sie verficht die
Unabhängigkeit, die selbständige Geltung des leiten=
den Ministers n e b e n dem Fürsten und bis zu
einem gewissen Grade gegen den Fürsten; alles
Menschliche an diesem ist überall stark, manchmal
auffallend stark betont. Man hat es sofort heraus=
gefühlt: der gestürzte Kanzler denkt mit Groll und
Mahnung, wo er von den früheren Herrschern
handelt,·an die Gegenwart. Und so hat er denn
in Wahrheit sein Verhältniß zu „seinem" Kaiser
keineswegs idealisirt, auch nicht, um es nun etwa
einfach als leuchtenden Gegensatz zu dem später er=
lebten Conflicte zu verwerthen. Er zeichnet Wil=
helm I. mit hartem Griffel, er geht dabei, nach
den Worten eines feinfühligen Lesers, „bis an die
äußerste Grenze der Pietät". Da ist doch wirklich

---

[1]) Historische Zeitschrift 82, 287 ff.: die Herrschaft des
Zweckes in Bismarck.

von Pose keine Spur; und die tiefe Liebe zu seinem
Herrn, die so unmittelbar neben der Unbefangenheit
kühler Beobachtung und Schilderung dasteht, muß
auch der kritischen Prüfung als ganz wahr und
überzeugend erscheinen. Diese Darstellung von der
Hand des Greises wirft auf das Nebeneinander
der Empfindungen in der Seele des Mannes ihr
Licht zurück; Bismarck, das erkennen wir, sah stets
den alten Kaiser genau, wie er war, und ehrte
und liebte ihn doch. Wilhelms Charakteristik ist
die eingehendste und schönste des ganzen Buches.
Wie Bismarck beobachten, zergliedern und erklären
konnte, das zeigen ja auch die Bemerkungen über
die Kaiserin Augusta, über die Herkunft ihrer inter=
nationalen Neigungen und Abneigungen, über die
Art ihres Einflusses auf ihren Gemahl in kalter
Durchsichtigkeit; hier aber, bei Wilhelm, ergreift
er das ganze Wesen, verbindet das Einzelne, das er
scharf erkennt, zur Einheit, beseelt es durch warme
und herzliche Mitempfindung. Es ist ein Porträt,
genau und lebensvoll, das nur er in der Lage
war so zu malen, großartig durch rückhaltlosen
Realismus zugleich und geistige Wucht der Erfassung.
Es enthält intime Einzelheiten, die sicherlich kein
Anderer so kannte oder doch unter den Eingeweihten
keiner so zu geben gewagt hätte, zumal über die
Beziehungen zur Kaiserin. Man vergißt nicht,
daß Bismarck gerade darin Partei ist, und möchte
gern, wenn es möglich ist, auch den anderen Theil
hören, d. h. über die Kaiserin Augusta nicht nur in

diesem negativen Sinne aufgeklärt sein; aber daß
unsere Einsicht durch diese Blicke in die Zimmer
des kaiserlichen Palais höchst charakteristisch be=
reichert und verschärft worden ist, bleibt dennoch
wahr. Die großen Hauptzüge andererseits von
Wilhelms Wesen, die Eigenart des altpreußischen
Officiers, der er war, seine Anschauung von der
Höhe seines Amtes und die damit untrennbar zu=
sammenhängende Unfähigkeit zu jeder Regung von
Neid gegen seine genialen Diener, alle diese Züge
einer „königlich vornehmen", schlichten und großen
Natur, deren Besonderheit zugleich so deutlich in
dem preußischen Boden der Zeit Friedrich Wil=
helms III. wurzelt: sie alle hat Bismarck, wie
man sie wohl bereits vorher hatte erkennen können
und dargestellt hatte, von Frischem aus innigster
Vertrautheit heraus und in großem Stile wieder=
gegeben. Da ist Alles von überzeugender Wahr=
haftigkeit durchweht; nur Eines ist doch wohl nicht
ganz im Einvernehmen mit der Wirklichkeit der
vergangenen Kämpfe: die Meinung, die er aus=
spricht, daß ihm persönliche Empfindlichkeit gegen
Wilhelm I. sehr fern gelegen habe. „Das Gefühl,
beleidigt zu sein, werde ich ihm gegenüber eben
so wenig gehabt haben wie im elterlichen Hause."
Bismarck bekennt, durch sachliche Interessen in der
Nervosität des Kampfes „zu einem passiven Wider=
stande gegen ihn geführt worden zu sein, den ich
heut in ruhiger Stimmung mißbillige und be=

reue . . ." ¹). Ein ergreifendes Bekenntniß im
Munde dieses Gewaltigen, der es nicht gewohnt
war, sich vor dem Angesichte von Menschen zu
beugen, liebevoll und liebeschaffend wie kein anderes
Wort in diesen Bänden. Wer den Briefwechsel
mit Roon und Anderes aus den früheren Tagen
liest, der findet freilich, daß der greise Bismarck
hier seine eigene, frühere Empfindung doch leise ge-
färbt und, man darf hier wohl sagen, idealisirt
hat; sein eigener, unsicherer Ausdruck deutet ja ein
Bewußtsein davon an. Daß aber dieses Gefühl
gegen den alten Herrn in dem Verfasser der Denkwürdigkeiten absichtslos und echt war, bleibt auch
hier bestehen; das ganze Capitel ist für das Verhältniß der beiden Männer, ganz abgesehen von
aller künstlerischen Schönheit, auch inhaltlich ohne
Zweifel eine Quelle vom höchsten Werth.

Ich bemerke daneben nur, daß mir die milde
Charakteristik von Bismarcks Beziehungen zum Kron-
prinzen Friedrich Wilhelm, wie sie die Memoiren
(Cap. 33) darbieten, weniger zuverlässig vorkommt.
Die Kämpfe mit ihm sind doch wohl schärfer und
andauernder gewesen, als hier zugegeben wird. Auch
bei der Schilderung des Großvaters dachte Bis-
marck ja gewiß an den Enkel, aber das hat die
Schilderung selber nicht beeinträchtigt; bei dem
Urtheile über den Vater muß der Einfluß der

---

¹) II, 289 f., vergl. II, 48, und die minder unzweideutige
Stelle I, 204.

fpäteren Stimmung größer gewefen fein. Der gegen=
wärtige Gegenfaß ließ den früheren geringer er=
fcheinen.

X.
Innere Politik feit 1866 und 1871.
Bismarcks Art der Menfchenbeurtheilung.

Das Reich ift gegründet. Die Darftellung
Bismarcks wendet fich der inneren Politik zu.
Das Capitel „Culturkampf" wird freilich un=
mittelbar an das über Verfailles, an Verhandlungen
angeknüpft, die fich auf Frankreich und Italien be=
ziehen, und unter den übrigen Beweggründen tritt
die Rückficht auf das Polenthum befonders ftark
hervor. Alle confeffionellen Abfichten weift der
Fürft von fich, die einer Wahrung der ftaatlichen
Unabhängigkeit aber und einer Feftigung der natio=
nalen Einheit wird kräftig betont. Mit der „juri=
ftifchen Detailarbeit der Maigefeße" habe er nichts
zu thun gehabt, das fei Falks Sache gewefen, und
Bismarck habe die dort begangenen Fehler nach
einer Weile erkannt. Indeffen, nicht er habe Falk
verdrängt, im Gegentheil, er habe ihn feftzuhalten
getrachtet, und unter den „Vorgängen, die für
Falks Rücktritt entfcheidend wurden", nennt er die
Streitigkeiten des Minifters mit dem Oberkirchen=
rath, alfo mit der evangelifchen Geiftlichkeit; den
Hintergrund bildet auch dabei die Gegnerfchaft der
Kaiferin. Nach Falks Abgang hat Bismarck dann
— und zwar auch hier im Widerftreite mit dem

Hofe — die mehr juristische Kampfesart aufgeopfert,
sein eigenes Hauptziel (mehr gegen den Polonismus
als gegen den Katholicismus) vornehmlich verfolgt;
auch die Verschiebung der parlamentarischen Lage,
die somit veränderte Rücksicht auf die Consolidirung
der Reichseinheit wies ihn zum Frieden. Und das
Ergebniß des Kampfes blieb nach dem Friedens=
schlusse doch immer „ein werthvoller Siegespreis"
im Vergleich mit den Zuständen vorher: die un=
haltbaren kirchlichen Artikel der preußischen Ver=
fassung, sowie die katholische Abtheilung im Cultus=
ministerium blieben beseitigt, die Kampfmittel gegen
den Polonismus und vor Allem die Herrschaft über
die Schule blieben in der Hand des Staates.

Alle diese Auffassungen Bismarcks sind nicht
neu und haben dennoch Manchen überrascht; ich
glaube, daß sie im Ganzen völlig zutreffen. Seine
Stellung zum Culturkampf hat sich wohl in der
That von derjenigen der Liberalen und der Juristen
immer wesentlich unterschieden, und seine Absichten
hat er, wenngleich unzweifelhaft mit schwereren
Verlusten, als man hier merkt, bis zu einem ge=
wissen Grade wirklich erreicht, weit mehr, als die
Klage von der unbedingten Niederlage des Staates
gegen die Kirche gewöhnlich zugeben will. Ich
möchte trotzdem nicht leugnen, daß sich gegen dieses
Capitel, auch wenn man seine eigentlichen Grund=
züge anerkennt, allerlei einwenden läßt. Gleich
Bucher hat es 1892 gethan [1]); er fand, der Fürst

---

[1]) Busch, Tagebuchblätter III 330.

schwäche seine Verantwortlichkeit für den Kirchen=
streit und seinen Antheil an dem Mißerfolge allzu
sehr ab. Gerade über die intime Geschichte des
Culturkampfes, auch für die intimen Beweggründe
des Kanzlers und für deren Wandlungen und Ab=
schwächungen, fehlt es uns noch sehr an sicherem
Wissen. Aber man braucht nur die Reden Bis=
marcks aus den siebziger Jahren zu lesen, um zu er=
kennen, daß wenigstens der Ton der Ereignisse auch
hier wieder in den Denkwürdigkeiten ein erheblich
anderer geworden ist. Mit welchem Feuer hat er
sich in die Schlachten hineingestürzt! Wie sehr
haben ihn diese Kämpfe einst beschäftigt! Aus
seinem Buche allein würde man sicherlich, in so
Vielem es Recht haben mag, von Ausbruch und
Führung des Streites eine schiefe Vorstellung be=
kommen. Auch die Acten, die Falk[1]), ohne eigenen
Commentar, über seinen Rücktritt veröffentlicht hat,
zeigen freilich, daß der Ministerpräsident diesen zu
verhindern oder, wie Falk vielmehr glaubte, zu
vertagen gesucht hat, und daß der Zeitpunkt von
Falks Entschluß durch dessen Gegensätze zum Kaiser
in Sachen der evangelischen Kirche bestimmt worden
ist, daß aber der eigentliche Grund doch auf dem
Gebiete der katholischen Kirchenpolitik lag: das ver=
wandelte Verhältniß zum Centrum, die Aufgabe

---

[1]) „Deutsche Revue", Januar 1899, jetzt wieder abgedruckt
in Kohls „Wegweiser". 133 ff.

von „Grundsätzen", die ihm von entscheidendem
Werthe seien, zwinge ihn zu gehen.

Auch dieses Capitel ist wichtiger für das, was
Bismarck 1891 im Ganzen über die Verhältnisse
dachte, als für den geschichtlichen Gang selber und
für die geschichtlichen Einzelthatsachen. Seine politischen Lehren aber für Gegenwart und Zukunft
treten hier mit der ganzen einfachen und gewaltigen Klarheit seiner Art zu Tage. Mit der katholischen Kirche gibt es für den Staat, vollends für
den evangelischen, keinen dauernden Frieden. Es
sind zwei unabhängige Mächte, die politisch mit
einander auskommen müssen, und „alle Friedens-
schlüsse in dieser Welt sind Provisorien": das
Wesen der Curie aber drängt sie „zum Umsich-
greifen"; „sie duldet keine Götter neben ihr."
Man kann hinzufügen, daß auch die Selbst-
behauptung des Staates wiederum den Anders-
gesinnten nothwendiger Weise aggressiv erscheinen
muß. Um so sicherer besteht Bismarcks alter und
hier wiederholter Satz von der Ewigkeit des „ur-
alten Kampfes zwischen Priestern und Königen".
Und das für Bismarck besonders Bezeichnende ist
die innige Beziehung, in der er diesen Kampf mit
den übrigen Kämpfen der auswärtigen Politik
erblickt.

Unter denselben obersten Gesichtspunkt stellt
er die Abschnitte über die innere Arbeit der
Reichsgründung zwischen 1866 und etwa 1879.
Es handelt sich um die Capitel: „Der Norddeutsche

Bund", „Bruch mit den Conservativen", „In=
trigen", „Die Ressorts". Er spricht da Anfangs
von den Annexionen, von dem Indemnitätsgesetze,
vom allgemeinen Stimmrechte; späterhin wird der
sachliche Inhalt der innern Politik kaum mehr be=
rührt, abgesehen vom Culturkampfe, den ich vorweg=
nahm. An die Spitze gestellt ist die Darlegung
der Gefahr einer europäischen Coalition gegen das
neue Deutschland: diese Gefahr hat Bismarcks ge=
sammtes Verhalten, auch im Innern, von 1866 ab
beherrscht. Das hat er nicht weniger als drei
Mal mit starkem Nachdrucke wiederholt (II, 56,
151, 182). Er hatte es wohl auch früher gelegentlich
ausgesprochen — so etwa zu Busch am 16. No=
vember 1881 (Tagebuchblätter III, 67); und daß,
so lange das neue Reich nicht fertig oder nicht fest
sei, innere Zwistigkeiten und innere Wünsche hinter
die Gebote der nationalen Sicherheit zurücktreten
müßten, daß wir im Lager ständen, in dem uns
jeden Augenblick des Feldherrn Gebot wieder unter
die Waffen rufen könne[1]): diese Erkenntniß haben
ja Viele verfochten; wir greifen mit Händen, wie
stark unsere europäische Lage auf unser Verfassungs=
leben eingewirkt hat und noch heute einwirkt. Mit
so unbedingter Schärfe aber, wie es Bismarck hier
thut, hat kaum Einer jemals die inneren Bedürf=
nisse den äußeren untergeordnet. Erst die Selb=
ständigkeit und Sicherheit nach außen; so lange

---

[1]) Worte Heinrich von Treitschke's, Aufsätze III ⁴ 625.

Vertagung aller innern Fragen; die volle Kraft der Nation „und in der Diplomatie (überdies) der Schein dieser einigen Kraft" muß in die Wag= schale der europäischen Kämpfe geworfen werden. Ob liberal, ob conservativ — nicht darauf kam es zunächst an, sondern „auf die freie Selbst= bestimmung der Nation und ihrer Fürsten". Das Andere erwäge man erst ruhig, wenn „das Haus wetterfest sei". Lediglich so hat er hier die Ver= leihung des allgemeinen Stimmrechts begründet, das er sonst in seinen Reden doch auch sehr leb= haft in den Zusammenhang der inneren Politik hineinzustellen gepflegt hatte. Es ist wohl unbe= streitbar, daß er in den Denkwürdigkeiten diese auswärtige Rücksicht zu sehr isolirt, zu einseitig hervorhebt, viel mehr, als er es in der Wirklichkeit naturgemäß hatte thun können; aber daß er so verfährt, ist höchst interessant. Es ist seine ganze elementare Eigenart und seine ganze persönliche und geschichtliche Mächtigkeit darin, wie er neben dem Gesammtnutzen, neben der Nation als Ganzem, alles Uebrige mit hartem Griffe bei Seite schiebt: er tritt da auf wie die Verkörperung der Nation. Kein Zweifel, daß er wirklich jederzeit von der hohen Warte der großen Politik aus, auf der er stand, über die kleineren Gegensätze zu seinen Füßen hinweggeblickt hat. Und doch würde man irren, wenn man nun glaubte, diese Gegensätze hätten ihn nicht trotzdem auch im Innersten berührt. Er sagt (II, 56), er habe an die Möglichkeit geglaubt, „der

königlichen Macht die nöthige Stärke zu geben, um
unsre innere Uhr richtig zu stellen, wenn wir erst
nach Außen die Freiheit erworben haben würden,
als große Nation selbständig zu leben." Nun, die
Thatsachen zeigen, daß er diesen — doch stets zugleich unmittelbar verfassungspolitischen — Streit
für die königliche Macht auch in seinen liberalen
Zeiten und auch seinen neuen liberalen Verbündeten gegenüber niemals aufgegeben, sondern ihn
sehr bewußt und sehr eifrig, als ein in sich selber
wichtiges Ding, weitergeführt hat, gleich von
1866 an. Aber in den Memoiren erinnert er sich
daran nur wenig; die Streitigkeiten, die sein Gedächtniß beherrschen, sind vielmehr vorwiegend diejenigen mit seinen alten Verbündeten, den Conservativen, und mit seinen persönlichen Gegnern
in den höheren Kreisen des Reichstags, des
Ministeriums und des Hofes. Die Darstellung
dieser Reibungen und Ränke drängt ihm für eine
Periode seines Lebensganges alles Andere weit in
den Schatten. Ich führe nur die Stichworte hinter
einander auf: Moritz v. Blanckenburg, Conflict
mit den Conservativen 1868 und 1872, Conventikel
bei Roon, Kreuzzeitung, Declaranten, Reichsglocke,
Unfreundlichkeit der Nationalliberalen. Und dann
die fast völlig persönliche Reihe: Harry Arnim,
Gontaut-Biron, Gortschakow, Friedrich Eulenburg,
Bennigsen, Botho Eulenburg, Gruner; sie gipfelt
in den Versuchen von 1878, Bismarck durch ein
Bündniß seiner verschiedenartigen hochstehenden

Gegner aus dem Ministerium zu vertreiben. Der
Eindruck all' dieser Verschwörungen gegen den
Einen, all' dieses Strebens von Parteien und von
Einzelnen, seine Erbschaft aufzumachen und anzu-
treten, ist beinah verblüffend. Wie für den Kriegswinter 1870.71, ist für diese Jahre bis an 1879
heran Alles auf den Ton persönlichen Kampfes
gestimmt.

Wie urtheilen die „Gedanken und Erinnerungen"
Bismarcks nun über seine Gegner, ja über Menschen
überhaupt? Der Abschnitt, von dem wir handeln,
fordert zu einer zusammenfassenden Charakteristik
seiner Urtheilsweise auf.

So weit es sich um Gruppen handelt, ist sein
Verfahren dasjenige, das wir früher allen allgemeinen Gewalten gegenüber bei ihm beobachtet
haben. Die Parteien zersetzt seine Betrachtung.
Von ihren Programmen, ihren Idealen spricht er
mit großer Skepsis; er sieht in diesen weniger
etwas seinem Wesen nach Unvermeidliches und Be-
rechtigtes als einen verderblichen Anlaß zu selbst-
süchtiger Schädigung des Gesammtinteresses der
Nation. Den socialen Untergrund der Parteien,
von dem er natürlich sehr wohl wußte, deutet er
nur eben hier und da an, hebt ihn aber nirgend
hervor. Er zerlegt sie vielmehr in seiner praktischen
Kritik in Einzelne. Innerhalb der drei Classen
seiner conservativen Gegner, die er (II, 147) unter-
scheidet, gesteht er nur den besten („manchen Mit-
gliedern" der Kreuzzeitungs-Gruppe) „achtbare prin-

cipielle Gründe" zu; die zweite Classe enthält die
perjönlichen Streber und die dritte, die wieder
mehr eine gleichartige Maſſe bildet, die „Standes=
genoſſen im Landadel", die dem geborenen Land=
junker die Dotationen und den Fürſtentitel nicht
verzeihen konnten: auch ſie alſo handeln aus per=
jönlichen Beweggründen. Die Mehrzahl der
Fractionsmitglieder (II, 159; vergl. zu alledem
I, 58) hängt überhaupt nicht ſo ſehr an Grund=
ſätzen und Ueberzeugungen, als vielmehr an den
Führern: „eine Perſon, ein parlamentariſcher Con=
dottiere," iſt der „eigentliche Kryſtalliſationspunkt"
unſerer Fractionen, und die Leitung beherrſcht die
Partei. Dieſe Führer hat er denn auch mehrfach
näher in das Auge gefaßt. Es tritt eine große
Zahl von Perſönlichkeiten in ſeinem Buche
auf; die meiſten mit ganz kurzen Charakteriſtiken
oder Urtheilen verſehen. Die Urtheile ſind, wie
Meinecke angemerkt hat, beinah ausnahmslos, auch
da, wo es ſich um nahe Freunde Bismarcks handelt,
von politiſcher Tendenz: „er zeichnet die Menſchen
faſt durchweg unter dem Geſichtspunkte, ob ſie
ſeinem Zwecke dienten oder ſich ihm entgegen=
ſtemmten." Und die Zahl der ungünſtigen Urtheile
iſt erheblich größer als die der günſtigen. Ludwig
von Bayern und ſein Graf Holnſtein, die ſächſiſchen
Könige und der Großherzog von Weimar, mit einer
Einſchränkung Roon und Stephan und mit uner=
warteter Rückhaltloſigkeit Edwin von Manteuffel,
ferner Falk, Scholz, Malzahn und von Ausländern

Andrassy und Schuwalow — das dürften die sein,
die knapper oder ausdrücklicher gerühmt oder doch
als Helfer Bismarcks genannt werden; einige
weniger Hervorragende kämen etwa noch dazu. Die
lange Reihe der ganz oder theilweise Bekämpften
kann ich hier nicht aufführen: so manche davon
sind uns schon begegnet. Auch von der Schärfe
und Tiefe der Beobachtung, wie von der schlagen=
den und so oft schneidenden Kraft der Charakteristik
habe ich, zuletzt bei dem Kaiserpaar, zu handeln
gehabt. Der Kaiserin hat er, bei all' seinem
Widerspruche, Majestät der Haltung, Muth und
hohes Pflichtgefühl zugesprochen; er hat vor dieser
Gegnerin, das scheint aus Allem hervorzugehen,
„Respect" gehabt. Meistens aber klagt er nur an.
Lenz sagt (in dem Gedächtnißbuche S. 95) von
den Frankfurter „Denkschriften und Berichten des
großen Staatsmannes", indem er sie der Auffassungs=
weise Treitschkes und der übrigen kleindeutschen
Historiker gegenüberstellt: „Sie machen in der
strengen Folge ihrer Deductionen und der Weite
ihres geschichtlichen Horizontes häufig den Eindruck
leidenschaftsloser historischer Betrachtungen und
lesen sich etwa wie Capitel aus Rankes Werken."
Ganz richtig; noch in dem 1859er Briefe an
Schleinitz kann man diese Objectivität des Urtheils
beobachten, und dieser Brief ist eine Handlung,
empfiehlt bestimmte Handlungen. Aehnlich die
„Gedanken und Erinnerungen" in dem Capitel
„Zukünftige Politik Rußlands": auch da ein ver=

ständnißvolles, thatsächliches Eingehen auf das als natürlich angesehene Bestreben Rußlands, auf welches der staatsmännische Verfasser damit freilich zugleich einzuwirken hofft; aber er ist da auf seinem eigentlichen Berufsgebiete, der praktischen Ueberlegung über die Wirklichkeiten der auswärtigen Politik, wie sie sind, und wie er sie haben will. Da ist er ruhig und objectiv. Merkwürdig und doch begreiflich genug, daß er es nur dabei ist. Sobald die Spannung des activ staatsmännischen Ueberlegens, die Verantwortlichkeit, möchte ich sagen, des Staatsmannes, der Thaten vorhat und auf Thaten hinarbeitet, dem historischen Auffassen weicht, hört auch diese Objectivität auf. Die historische Objectivität, das Verantwortlichkeitsgefühl des Historikers gegenüber den geschichtlichen Wirklichkeiten, besitzt er nicht. Auch in dem einzigen, im besondern Sinne historischen Abschnitte der Memoiren nicht, in dem „Rückblicke auf die preußische Politik". Da sucht er nicht geschichtliches Verständniß, sondern lediglich ein praktisch verwerthbares, staatsmännisches Urtheil, das der Vergangenheit als solcher nicht gerecht zu werden braucht, sondern sie nur für Gegenwart und Zukunft ausnutzt; er sagt es ja, er übt „Kritik vom Standpunkte eines strebsamen Preußen" (I, 276). In den anderen Abschnitten vollends sind die Versuche, Einzelnen oder Gesammtheiten historisch nachzufühlen, überaus selten. Nicolaus von Rußland hat er einmal sympathisch gewürdigt; meist aber

verschmäht er es, die Menschen sorgsam aus den
natürlichen Bedingungen ihrer Lage und ihres
Wesens heraus zu begreifen. Das überträgt sich
ihm in seiner historischen Betrachtung selbst auf
die auswärtige Politik; nur ganz gelegentlich erkennt er die natürlichen Gründe einer Eifersucht
Rußlands auf das neue Deutsche Reich (II, 231)
an, sonst spricht er eigentlich nur von Gortschakows
Persönlichkeit als der in Rußland gegen uns
wirkenden Kraft und leitet Gortschakows üblen
Willen lediglich aus ganz persönlichen Gründen ab.
Und seine Gegner in innerer deutscher Politik —
für die er ja auch schon als Reichskanzler niemals
das gleiche Maß von Objectivität aufgeboten hat
wie für die äußere — handeln, wie wir sahen,
fast alle hauptsächlich aus persönlicher Selbstsucht.
Die ganze Schale seines Zornes wird über sie er-
gossen.

Das ist wahrlich kein Wunder. Wenn etwas
an dem großen Kämpfer erstaunlich ist, so ist es
gerade jene kühle Vergegenwärtigung fremder Interessen durch den auswärtigen Politiker; natürlich
und, fast möchte ich sagen, nothwendig erscheint uns
vor Allem die Kraft des Hasses und des Grimmes
an ihm: denn nur dank der elementaren Einseitigkeit seines Willens und seines Empfindens, seiner
mächtigen Leidenschaft hat er die unendlichen
Schwierigkeiten niederwerfen können, denen sein
Wirken begegnete. Er mußte so sein; und wo wäre
unter den Menschen der schöpferischen That, unter

den ganz großen Menschen der, der mit milderem
Gefühl und milderen Mitteln gehandelt und gesiegt
hätte? Das wissen wir und maßen uns gewiß
nicht an, den Riesen mit kleinem Maße zu messen;
und auch der Historiker wird von dem schneidenden
Urtheile des gewaltigen Menschenkenners und
Menschenverächters in gar manchen Fällen zu
lernen haben: mit der Rankeschen Neigung zu wohl=
wollender Psychologie kommt man nicht überall
durch. Allerdings — und das muß aufrecht er=
halten werden — noch weniger ohne sie. Wenn
die kleinen Leute dem Großen seine Urtheile nach=
sprechen oder ihm gar seine Urtheilsweise absehen
wollten, so würde das nicht nur eine praktisch
unerträgliche Verbitterung, sondern ebensosehr eine
wissenschaftlich heillose Verflachung des Urtheils
geben, eine systematische Ungerechtigkeit, die er
selber am wuchtigsten getadelt hat.

Und wenn Fürst Bismarck oft gegen Freund
und Feind ungerecht gewesen ist: er hat dies Recht
des handelnden Genius mit hohem innerlichem
Preise, man darf wohl sagen, mit seinem Herzblut
bezahlt. Man lese den erschütternden Monolog,
in dem er über den Abfall seiner alten Freunde,
der Conservativen, klagt (II, 156). Sie mögen sich
bitter über die Einseitigkeit seiner Würdigung be=
schweren; gleichviel! Wie unendlich mehr hat er
selber in seinem leidenschaftlichen Herzen gelitten!
Hier hat er es geschildert, was ihn in der furcht=
baren Arbeit der sechziger und siebziger Jahre am

tiefsten gequält hat. Der Staatsmann muß
handeln, auch wo er nicht mit Sicherheit erkennt,
ob sein Weg der richtige ist: dieses „ununter-
brochene Bewußtsein der Verantwortlichkeit" bei
steter „Ungewißheit des Erfolges", so deutet Bismarck es, das reibt ihn auf. Wenigstens wenn er
„seine Ehre mit der des Landes vollständig iden-
tificirt", wenn er von keinem Anderen Absolution
zu nehmen im Stande ist, weder von einem Könige
noch von einer parlamentarischen Mehrheit, sondern
einzig und allein von seinem eigenen Gewissen: Bismarck hat das in überraschender und großartiger
Pointe als katholische und protestantische Staats-
mannschaft gegen einander gestellt. Es können
viele Jahre vergehen, ehe der Erfolg ihm die Antwort auf seine innerlichen Zweifel ertheilt. Und
dem, den solche Last bedrückt, ist der Abfall der
Freunde, die Vereinsamung „mit sich und seinen
Erwägungen" dann eine harte Probe, für seine
Gesundheit ein schwerer Schlag. Die Intriguen
und Feindschaften haben Bismarck ähnliche Schläge
beigebracht; er hat die Erkrankungen bis zu
Schweningers Eintritt auf diese Quellen zurückgeführt.

Das sind Klagen, wie sie Martin Luther in
seinem Alter, wie sie Oliver Cromwell vor den
Puritanerparlamenten ausgestoßen hat. Der nüchterne Hörer mag die Achseln zucken und antworten,
solche Kämpfe seien einmal von allem Wirken
innerhalb der Welt unzertrennlich, und die Leiden-

schaft des Kämpfers selber habe sie erst so schmerz=
haft verschärft. Roon hat dafür ein tieferes Mit=
gefühl und einen höheren Ausdruck gefunden; er hat
dem ermüdeten Freunde das Recht bestritten, sich
von dem Kampfplatze zurückzuziehen: „Hat Prome=
theus das Feuer geraubt, so muß er sich nun auch
die Fesseln und den Geier gefallen lassen." „Man
nascht nicht ungestraft von dem Baume der Un=
sterblichkeit[1]." Bismarck hat weiter gekämpft;
und aus den Denkwürdigkeiten hört Gustav
Schmoller[2] den „Ton des Titanen" heraus,
„welcher sein Herzblut dabei vergossen hat", „die
innere Tragik des weltgeschichtlichen Helden, der
alles Große für sein Vaterland nur erreicht durch
innere Erregungen und äußere Kämpfe so bitterer
und so heftiger Art, daß all' seine Macht, sein
äußerer Glanz ihn nicht über seine Einsamkeit ...
trösten können." In diesem unverringerten Nach=
hall ungeheuerer innerer Erregungen liegt sicherlich
der tiefste Eindruck des Werkes und öffnet sich der
tiefste Einblick in Bismarcks Seele. Wer diesem
Schauspiele sein eigenes Urtheil gefangen gibt, der
sei sich wenigstens darüber klar, daß er auf eine
historische Betrachtung verzichtet: wer aber die
Macht des Schauspiels nicht in Ergriffenheit
empfände und die Schroffheiten des Gewaltigen
nur abzulehnen und zu tadeln wüßte, ohne ihn als

---

[1] 1875, Denkwürdigkeiten III⁴ 414.
[2] Zu Bismarcks Gedächtniß 65.

Ganzes nachfühlend zu verstehen, der verfiele in dieselbe Einseitigkeit, die er an Bismarcks Urtheil tadeln mag — nur, fürchte ich, ohne die Entschuldigung der Größe.

XI.

Das Schweigen der Denkwürdigkeiten über die wirthschaftliche und sociale Politik, das Uebergewicht der äußeren. Die Beweggründe jenes Schweigens.

Noch eine andere Einseitigkeit enthalten diese Capitel, die von den siebziger Jahren handeln: eine Einseitigkeit nicht so des Urtheils, als des Stoffes. Sie ist vorhin schon berührt worden. Was erfahren wir von den Gegenständen der inneren deutschen Geschichte jener Zeit, die doch wohl auch Bismarcks Leben mit erfüllt haben? Das Capitel „Intrigen" reiht die Fülle persönlicher Gegnerschaften, deutscher und auch europäischer, auf; es spricht eingehend von jenen Verschwörungen von 1878, die sicherlich noch sehr der kritischen Prüfung und Bestätigung bedürfen; es beschäftigt sich sieben Seiten lang mit dem Aergernisse der Erhebung von Bismarcks altem Gegner, Herrn v. Gruner, zum Wirklichen Geheimen Rath und der Publication dieser Erhebung durch den Reichsanzeiger (1877). Nur in dem kurzen Abschnitte „die Ressorts" steigt der riesige sachliche Inhalt von Bismarcks innerer Thätig-

keit, seine Vertretung des Gesammtinteresses, rasch
vor dem Leser auf, aber auch hier wesentlich nur
unter dem Gesichtspunkte des persönlichen Verhält=
nisses zu den Collegen und unter starken polemi=
schen Seitenblicken auf die Lage nach 1890. Von
dem größten Gegenstande seiner inneren Kämpfe,
dem Wechsel der Wirthschaftspolitik, ist nur ein=
mal nebenbei, auf vier Zeilen (II, 198) die Rede.

Und wie reich an Aufgaben und Leistungen ist
dabei das deutsche Staatsleben von der Gründung
des Norddeutschen Bundes an bis zu jenem Um=
schwunge von 1879 gewesen! Wie reich ist es
vollends durch jenen Umschwung geworden, und wie
mächtig hat der leitende Staatsmann an allen
diesen Aufgaben mitgeschaffen! Das gilt bereits
im vollsten Sinne für die umfassende gesetzgeberische
und organisatorische Arbeit des ersten, des liberalen
Jahrzehntes. Und schon damals drängte er, inner=
lich unbefriedigt, mit seinen Gedanken und Wünschen
aus diesen Kreisen heraus; Schmollers „Briefe“
haben das soeben wieder höchst einleuchtend nach=
gewiesen und haben dann die Ziele und die Erfolge
der specifisch Bismarckischen Finanz=, Wirthschafts=
und Socialpolitik in imposanter Zusammenfassung
überschaut. Ich wiederhole nur die Stichworte:
Eisenbahnverstaatlichung, Zoll= und Steuerreformen,
finanzielle Verselbständigung des Reiches und dann,
Hand in Hand mit dem Kriege gegen die Social=
demokratie, die großen Arbeiterversicherungsgesetze
der achtziger Jahre. Was aber ist in diesen wenigen

Worten beschlossen! welch' eine Fülle von Arbeit, von Kampf, von Leidenschaft, von sachlich neuen und schöpferischen Gedanken und von heißem, persönlichem Leben! Denn Er war der Rufer und der Führer in diesem Streite; er hat seine ganze Riesenkraft hinter diese Pläne gesetzt. Die unvergeßlich großen Reden dieser Jahre bezeugen es: der ganze Bismarck spricht in ihnen, so feurig entschieden und so überwältigend wie je. Auch die grundsätzlichen Losungen hat er selber damals ausgegeben: die Losung vom praktischen Christenthume, von der sittlichen Wohlfahrtsaufgabe des Staates und den Traditionen des preußisch-deutschen Staates, von der Wirksamkeit des nationalen Gedankens in dieser das ganze Dasein ihres Volkes im Innern und Aeußern umfassenden deutschen Politik. Wäre alles das ihm lediglich Mittel zum Zwecke seines Machtkampfes gewesen? Ist es denkbar, daß nicht sein ganzes Wesen daran betheiligt gewesen ist? Selbst wer das annehmen wollte, würde zweifellos anerkennen, daß die wirthschaftlichen Fragen im engeren Sinne, die zollpolitischen zumal und die mit ihnen zusammenhängende Kräftigung des Reiches, den Fürsten ganz persönlich beschäftigt haben. „Die auswärtigen Geschäfte sind n i c h t die aufreibenden," hat er mitten aus dem Umschwunge heraus 1877 seinem Kaiser geschrieben.

Und von alledem schweigen die „Erinnerungen". Die Folgerung ist nicht selten gezogen worden: es hat ihm also im Grunde doch an herzlicher Antheilnahme für diese Gegenstände gefehlt. Man mag diesem Schlusse den Glauben verweigern; daß das Schweigen auffällig ist, kann Niemand bestreiten; wie ist es besser als durch jenes absprechende Urtheil zu erklären?

Betrachten wir zunächst, was die Denkwürdig= keiten, abgesehen von jenen „Frictionen", für diesen Zeitraum noch behandeln. Es sind die Fragen der auswärtigen Politik.

Vom Dreikaiserbündniß an bis in die achtziger Jahre hinein hat sie Bismarck erörternd verfolgt, die Wendung von 1878 79 eingehender besprochen. Er führt uns damit — in den Capiteln: Berliner Congreß, der Dreibund, zukünftige Politik Ruß= lands — auf ein überaus dunkles und unsicheres Gebiet, und es versteht sich, daß auch diese knappe und hauptsächlich reflectirende Darstellung des Haupthandelnden nicht dazu geeignet ist, alle seine Dunkelheiten aufzuhellen. Wir hören von dem Gortschakowschen Kriegslärm von 1875, von der loyalen Haltung Teutschlands gegen den alten russischen Freund, von den Werbungen Rußlands um das engere deutsche Bündniß, von seinem un= gerechten Grolle über den Berliner Congreß und seinen Drohungen im Sommer 1879. Sie zwingen den Kanzler, bei Oesterreich Anschluß zu suchen. Höchst bedeutungsvoll ist da wieder, was er über die Gefahr einer europäischen Coalition gegen unser in der Mitte des Erdtheils gelegenes Reich aus= führt; diese Sorge hat ihn unablässig bedrückt, und als Rußland gegen ihn vorgehen zu wollen scheint, greift er nach Andrassys Händen, um der vollen Isolirung zu entgehen. Kaiser Wilhelm seinerseits ist von dem Ernste der russischen Feind= seligkeit und von der Nothwendigkeit des Zwei= bundes gegen den Zaren nicht überzeugt worden und hat, als er dem Zwange seines Kanzlers den= noch nachgab, es immerhin erreicht, daß dem Ver= fahren nach Möglichkeit die antirussische Spitze abgebogen wurde; er hat Alexander II. von dem neuen Vertrage in Kenntniß gesetzt [1]). Mir liegt es fern, auf Grund der unvollkommenen Kenntniß, die wir besitzen, an der Nothwendigkeit der Bis= marckischen Schritte, seiner Abweisungen Rußlands und seines Uebertrittes zu Oesterreich, zu zweifeln; er wird auch 1879 nicht anders haben handeln können — denn im Grunde blieb ja doch stets das Verhältniß mit beiden, nicht bloß mit dem einen der zwei Kaiser sein Ziel — und er ist der un= vergleichlich zuständige Richter für diese Fragen gewesen. Für uns indessen ist weder die Vorge= schichte von 1875 ab noch die Geschichte der Krise

---

[1]) Neben Bismarcks Erzählungen in den Memoiren und bei Busch (auch die älteren in seinen Reden sind dazu zu ver= gleichen) sind uns in Buschs englischem Werke (III, 257—289) die werthvollsten Acten zu diesen Hergängen dargereicht worden; Kohl hat sie in seinem „Wegweiser" ebenso dankenswerth er= gänzt. Darstellungen auf Grund jenes Materials in der dritten Auflage meines „Kaiser Wilhelm I." und jetzt in der Grunow= schen Ausgabe von Buschs „Tagebuchblättern", III, 345—354 (von Kämmel).

von 79 selbst irgendwie spruchreif oder auch nur in ihren Hauptthatsachen durchsichtig: wir werden auf ein eigenes Urtheil über diese Dinge und über ihre Beweggründe vorerst zu verzichten haben. An diesem Orte kommt es darauf an festzustellen, wie ausdrücklich der Verfasser der „Gedanken und Erinnerungen" diese Vorgänge, auf denen Deutschlands internationale Haltung seit 1879 geruht hat, bespricht; und wieder ist es deutlich, daß er dabei vor Allem politisch lehren will. Wie man in Zukunft weiter zu handeln hat, das ist das eigentliche Grundthema dieser Abschnitte; er warnt vor einer Vereinzelung Deutschlands und hauptsächlich vor einer unbedingten Hingabe an österreichische Ziele. Deutschland darf sich mit dem Zarenreiche nicht überwerfen, auf den Nachbarn an der Donau ist kein dauernder Verlaß.

Von hier aus nun begreift sich die Lücke in der inneren Geschichte dieser Zeit, die wir in den Denkwürdigkeiten fanden. Es ist von Anfang an Bismarcks Art gewesen, zu jeder Zeit Eine Sache mit unbedingter Sammlung aller Kräfte zu betreiben und alles Andere dahinter zurücktreten zu lassen. Die Stoffauswahl seiner Memoiren wird gerade an dieser Stelle durch diese Gewohnheit, zu concentriren, erklärt und liefert ihrerseits dafür eine bezeichnende Illustration. Er ist nach 1890 erfüllt gewesen von dem Grolle gegen höfische und ministerielle Feindseligkeiten: sie bilden den einen Text seiner Aeußerungen über die siebziger Jahre.

Er hat zumal, das klang durch Alles, was er von
Friedrichsruh aus in die Welt gehen ließ, hindurch,
mit bitterer sachlicher Sorge auf die auswärtige
Politik seiner Nachfolger gesehen. Wir wissen ja
jetzt, wie stark der Rückversicherungsvertrag mit
Rußland in die Krise vom März 1890 hinein=
gespielt hat; wir haben in den Aufsätzen der
„Hamburger Nachrichten" wie in den Reden und
Gesprächen des entlassenen Reichskanzlers immer
wieder die eine Warnung vernommen: keine Abkehr
von Rußland! kein Bruch mit Rußland! keine
jähen Entschlüsse! keine Auslieferung der deutschen
Selbständigkeit an die Sonderinteressen in Wien
und Pest! Ihren Höhepunkt hat diese publicistische
Arbeit ja im October 1896 in der Bekanntgabe
jenes deutsch=russischen Neutralitätsabkommens von
1887 erreicht, die einen so mächtigen Eindruck
gemacht und so laute Beschwerden entfesselt hat.
Aus den „Gedanken und Erinnerungen" schauen
diese Bedenken Bismarcks überall heraus. Sie hat
er bereits im Sinne, indem er den „Rückblick" auf
die preußische Politik des verflossenen Jahrhunderts
wirft, indem er da die entlegene Reichenbacher
Convention verurtheilt; ich habe nicht nachzuweisen,
wie sie in diesen späteren Abschnitten beinahe Seite
für Seite zu Tage treten. Die polemische, didactische
Rücksicht auf die Gegenwart — schon Lothar Bucher
hat es ja ausgesprochen — kommt dem großen
Staatsmann eben nie aus den Augen; sie bestimmt
recht eigentlich überall Ton und Stoff seines Buches.

Und sicherlich, sie gipfelte in jener angstvollen
Sorge um die auswärtige Politik. Die Memoiren
helfen uns zu ermessen, wie sehr, wie vor allem
Andern sie ihm das Herz bewegte.

Es gilt dabei nicht zu übertreiben. Aus der
Nichterwähnung einer Sache auf deren Nicht=
vorhandensein zu schließen, ist ja immer methodisch
falsch und mindestens gefährlich. Der Fürst selber
hat das Schweigen der „Gedanken und Erinnerungen"
über so mancherlei Wichtiges mündlich wohl damit
begründet, daß sich über jene Dinge ja genug in
seinen gedruckten Reden und Acten finde; nur wo
er etwas Neues zu sagen hatte, wollte er es hier
noch sagen. Daß er nach 1890 den wirthschaft=
lichen und socialen Fragen nicht fremd geworden
war, bezeugt ja überdies eine lange Reihe seiner
öffentlichen Aeußerungen. Sein Interesse daran,
wenigstens am Socialen, hatte sich mit dem Fort=
schritte seiner Lebensjahre und mit der Wandlung
der innerpolitischen Lage freilich stark verschoben
und wohl auch abgeschwächt; die schöpferischen An=
triebe seiner Socialreform von 1881 waren ihm
wohl wirklich einigermaßen verblaßt und damit
der Reiz, literarisch über sie zu handeln: im alten,
positiven Sinne hätte er es ja schwerlich mehr
thun können. Aber aus seinem Gesichtskreise waren
diese Angelegenheiten und gar erst die wirthschaft=
lichen durchaus nicht verschwunden. Wenn er in
seinem Buche die äußere Politik so stark hervor=
drängte und über jene innere so völlig schwieg,

so folgt daraus zunächst nur, daß er nach 1890 den Wunsch, die erstere zu beeinflussen, ganz besonders stark empfand. Eine Folgerung über 1890 zurück würde vollends nie am Platze sein: er hatte sich damals doch in der That allzu unbedingt mit seinen inneren Bestrebungen gleichgesetzt, als daß wir glauben könnten, er habe zu ihnen kein persönliches Verhältniß gehabt. Das Eine allerdings bleibt bestehen. Er mag noch so sehr unter der Einwirkung des Momentes, im Dienste des Willens schreiben: charakteristisch ist es doch, daß es ihm überhaupt möglich war, seiner Vergangenheit zu gedenken und so Vieles daraus festzuhalten, ohne daß er auch nur ein Wort für diese Reformen von 1881 fand. Sein ursprünglicher staatsmännischer Beruf war eben doch der diplomatische. Und wir haben es ja vor Allem von Ranke gelernt, wie schließlich ein jedes ganz große staatsmännische Wirken immer wieder naturgemäß unter der Vorherrschaft auswärtiger Rücksichten steht. Die Vorherrschaft, wenngleich durchaus nicht die Alleinherrschaft, haben sie auch in Bismarck besessen. Vielleicht nicht gewollt, aber gewissermaßen symbolisch ist es, daß eben dieser Klang auch der letzte ist, der aus den Seiten seines Werkes heraustönt. Die Denkwürdigkeiten — soweit wir sie besitzen und zugleich doch wohl, soweit sie die Hauptzeiten seiner Thätigkeit umfassen, die Denkwürdigkeiten also als geschlossenes Werk — enden zwar mit den Abschnitten über die beiden ersten Kaiser und mit

einigen knappen, zum Theil abgerissenen Aus=
führungen über den Staatsrath und über Reichs=
kanzler und Reichstag. Sie berühren hier auch
einiges Wenige aus der inneren Geschichte der
achtziger Jahre, von der sie sonst so gut wie nichts
mehr enthalten, und sprechen mit Düsterkeit von
der tiefen Enttäuschung des Reichsbegründers durch
den Reichstag, den er geschaffen, von der Frage, so
scheint es doch, einer Verfassungsänderung, die er
Jahre hindurch im Sinne der Einheitsbedürfnisse
mit sich und Anderen erwogen habe. Dann aber
richtet er doch zuletzt seinen Blick aus dem Partei=
wesen wieder hinauf in die stärkere und hellere
Luft großer Entscheidungen: „in Kriegszeiten," so
hofft er, wird sich das Nationalgefühl aus allen
diesen kleinen Banden befreien. Und das Schluß=
wort, das er Kaiser Friedrich III. läßt, ist ein
Dankbrief des kranken Herrschers an seinen Kanzler
als den großen Förderer des preußisch=deutschen
Heeres. So hallen seine Erinnerungen aus, und
so hallen sie nach.

XII.

Gesammtertrag der „Erinnerungen" und der „Gedanken". Lehren zur inneren und zur äußeren Politik.

Ich bin den Hauptabschnitten des Buches
fragend und beobachtend nachgefolgt. Wie ist der
Ertrag des Ganzen?

An „Erinnerungen" bietet es, bei einer Menge einzelner Angaben, die wir sonst nicht besaßen, doch im Wesentlichen nichts Neues: aber es stellt die abschließende und classische Zusammenfassung der Bismarckischen Version von seinen Erlebnissen dar. Es ist in Bericht und Auffassung, so wohl es stets erwogen werden will, doch nicht einfach zuverlässig: es handelt sich eben um Memoiren, und an Quellenwerth stehen ihnen selbstverständlicher Weise die intimen Acten und gleichzeitigen Zeugnisse, und zwar unter dem, was wir bereits besitzen, insbesondere die Denkschriften und Depeschen, die Bismarck-Briefe, die Roon-Briefe, zum Theile selbst die Reden voran. Ueberall aber ist der neue Stoff aus dem früher bekannten und ist andererseits dieser aus jenem zu prüfen, zu erläutern, zu deuten. Gerade für die Hauptlinien seines persönlichen und politischen Daseins gilt es die Auffassungen des Achtzigers mit aller Vorsicht aufzunehmen; lernen kann man aus ihnen überall: wenn nicht immer für seine Vergangenheit, so doch für die Zeit der Abfassung und für den ganzen Bismarck überhaupt gewähren sie neue Erkenntniß oder mindestens neue Anregungen — auch da, wo sie zunächst, durch Lücken oder durch Urtheile, zu Fragen und zum Widerspruch aufrufen, wo sie Räthsel stellen, die es zunächst recht aufzufinden und erst in Zukunft ganz zu lösen gilt[1]).

---

[1]) Vgl. jetzt die entsprechenden Gesammturtheile von Lenz am Schlusse jeder seiner beiden Abhandlungen.

An „Gedanken" für die Gegenwart und die Zukunft sind sie noch wesentlich reicher als an historischer Kunde: hier ist ihr Werth nicht bloß relativ, sondern absolut; was Bismarck da aufgestellt hat, das steht fest, wenigstens als seine Meinung und sein Wunsch aus dem Zeitpunkte der Niederschrift. Man kann sein persönliches System innerer Politik daraus zusammensetzen; Schmoller[1]) hat es gethan; die einzelnen Hauptzüge sind uns alle begegnet. Der Gegensatz gegen den Absolutismus und die Bureaukratie geht hindurch; gegen beide behauptet sich der Edelmann, der Mann der praktischen Wirklichkeit, der souveräne Staatsmann. Königthum und Volksvertretung müssen einander ergänzen; das hat Bismarck mehrmals näher ausgeführt, und er hat die Zeit Wilhelms I. dafür als Muster bezeichnet. Das Werthvollste sagt er über die Stellung des leitenden Ministers zur Gesammtheit des Staatsgetriebes, zu seinen Collegen und vornehmlich zum Monarchen; das ist das eine Grundthema seines Werkes, von Friedrich Wilhelm IV. an bis zu Friedrich III.; darin kommen alle seine Erfahrungen, alle seine Forderungen und alle seine Beschwerden zum mächtigen Ausdrucke. Das alte Problem, wie sich ein starkes Königthum und eine starke staatsmännische Führung durch bedeutende Minister vereinigen läßt, steigt in seiner

---

[1]) Zu Bismarcks Gedächtniß, 70 ff.

ganzen Wucht vor uns auf, und wir fühlen, wie
es immer nur im Einzelfalle und zwischen Persön=
lichkeiten lösbar ist. Für Bismarck ist der Minister=
präsident der berufene und verpflichtete Träger der
staatlichen Kraft und Einheit, der Träger des
Staates, insofern dieser der Krone und dem Hofe
gegenübersteht; aber das Bild des „constitutionellen“,
verantwortlichen Ministers, wie er sein müsse, das
er zeichnet, ist eben Sein Bild. Vieles, was er
da verlangt und lehrt, ist von allgemeiner Geltung —
so über das Verhältniß der politischen zur mili=
tärischen Oberleitung —, Alles ist packend und
lehrreich; Manches aber verträgt doch nur auf ihn
selber Anwendung: nur der Genius kann so mit
den Parteien umgehen wie er; und nur neben
einem Wilhelm I. ist dieser Minister denkbar.

Ungleich mehr noch wird man von dem
Diplomaten Bismarck lernen können: die Regeln,
die er hier gibt, sind eingehender, technischer, das
Programm, das er hier entrollt, ist gleichmäßiger
und umfassender. Sein Werk ist ein Diplomaten=
spiegel von großem Stile. Ueber Alles gibt er da
erzählend oder lehrend Auskunft, über europäische
Geselligkeit, Gesandtschafts = Correspondenz und
Botenwesen, über die Pflichten der Bericht=
erstattung und die Pflichten des Gehorsams. Man
kann eine Klugheitslehre und eine Pflichtenlehre
für den handelnden Staatsmann aus seinen Be=
trachtungen aufbauen. Er schärft ein, wie weit
dieser vertragstreu sein müsse und sein dürfe, und

nimmt es mit dem vereinbarten Worte sehr ernst; er schärft vor allem Anderen die oberste Pflicht ein, das Vaterland über Alles zu setzen, über Person und Neigung, über Doctrin und Partei, und die rastlose Sorge um dessen Wohl im tiefsten eigenen Herzen zu tragen. Er, der Verächter des feierlichen Scheines, er, der über die Ideen auch in diesem Buche so geringschätzig die Schultern gezuckt hat und allzu leicht eine Phrase in ihnen fand, er verkörpert in seiner gesammten großen und festen Art, in seiner stets auf das Höchste gespannten persönlichen Kraft und tiefen Hingabe die Forderung, die er in den fünfziger Jahren an einen wahren Diplomaten gestellt hat, daß er „eine treibende, starke, politische Ueberzeugung" be= sitzen müsse: denn „Ueberzeugung und Glaube" allein machen ihm den „Staatsmann von höherem Zuschnitt" — nicht der Glaube an Worte, so würde er es erläutert haben, sondern der tiefe Glaube an sein Land, der ungeduldige, vorwärts treibende Glaube an dessen höchstes Recht und dessen lebendige Zukunft.

Er hat die Grundlinien des Verhältnisses zu den großen europäischen Mächten gezogen, wie er es für Deutschland erstrebt hat und in Zukunft erstrebenswerth findet. Zurückhaltung gegen das werbende England, Feindschaft gegen das feind= selige Frankreich und stetes Verständniß mit Ruß= land, von dem uns kein unüberbrückbarer Gegen= satz trenne; stete Wachsamkeit vor Bündnissen, die uns umfassen wollen: so hat er es längst geprebigt, so wiederholt er es hier wieder und wieder. Immer bleibt Rußland ihm der wichtigste Stein in seinem europäischen Brette — ich wies auf die Mahnung hin, die ihm dabei im Sinne lag. Am unmittel= barsten aber beschäftigt er sich mit Oesterreich. Erst die Auseinandersetzung mit Oesterreich, so lange der alte Bund noch besteht; schon damals Anläufe zu neuer, gesünderer Vereinigung; später dann die Begründung des Systems von 1879. Dessen Vortheile entwickelt er lebhaft, aber er warnt vor seiner Ueberschätzung. Daß wir uns Oesterreich nicht unterordnen dürfen, hatte man seit vielen Jahren von Bismarck vernommen, und der russische Vertrag von 1887 hatte praktisch ge= zeigt, wie weit er davon entfernt war, auf Oester= reich allein zu bauen. Trotzdem ist man, als die Denkwürdigkeiten erschienen, überrascht gewesen, den Schöpfer des Bündnisses so rückhaltlos offen über dessen innere Schwächen reden zu hören. Am stärksten hat er dabei doch neben all' dem Anderen die Bedeutung des polnischen Elementes hervor= gehoben, das seine eigene Politik gegen Rom, gegen Petersburg und auch gegen Wien ja immer so wichtig beeinflußt hatte. Es kann sich zwischen die beiden mitteleuropäischen Verbündeten stellen: Preußen kann auf seine polnischen Landestheile eben schlechterdings niemals verzichten. Dem heutigen Leser klingen Bismarcks Warnungen vor Oesterreich seltsam actuell. Man fragt sich, ob seine Skepsis im Laufe der Jahre seit 1890 vielleicht gestiegen ist, und wüßte gar gern, aus welcher Zeit jeder seiner Abschnitte hier stammt. Doch hören wir von Busch (Tagebuchblätter III, 313), daß bereits im März 1891 der Zweifel an Oesterreichs Zuverlässigkeit im Manuscripte stand. Eins aber muß man betonen: aus der Sympathie zu den Deutsch-Oesterreichern geht die Bedenklichkeit des Fürsten gegen das officielle Oesterreich nicht hervor. Mit der gegenwärtigen Lage rechnet er noch nicht. Wo er unsere Stammesgenossen jenseits der schwarzgelben Pfähle erwähnt, redet er ohne eigentliche Liebe, jedenfalls ohne die Liebe, die sich heute bei so Vielen regt. Als er von den warmen deutschen Gefühlen spricht, die ihm 1879 von Gastein bis Wien entgegenwallten, thut er es mit Zurückhaltung und einer Art von leisem Staunen, und erklärt sie sich erst durch den Gegensatz dieser Germanen zu den Czechen. Die politische Haltung der Deutsch-Oesterreicher aber mißbilligt er an verschiedenen Stellen scharf: sie haben sich thörichter Weise die Habsburger Dynastie entfremdet und damit auch den außeröstereichischen Deutschen einen schlechten Dienst geleistet. Es ist dieselbe Mahnung, die er ja nach dem achtzigsten Geburtstage den besuchenden Steiermärkern so deutlich ausgesprochen hat. In Bismarck hat kein Hauch alldeutscher Gesinnung Raum gefunden, darüber sei man sich klar. Das Bedürfniß Deutschlands, in Europa zu wachsen, hat er auch in den „Gedanken und Er-

innerungen" rund verneint, und wenn er erzählt,
wie er am 24. Juli 1866 seinem Könige die Un=
möglichkeit dargelegt habe, Deutsch=Oesterreich mit
Preußen zu verschmelzen, so redet darin wohl zu=
gleich oder hauptsächlich der Bismarck der neunziger
Jahre. Den Zweikaiserbund, so führt er später aus,
hat auch die öffentliche Meinung bei uns gefordert:
aber er fügt ausdrücklich hinzu, daß diese Frage
der Popularität für ihn in zweiter Linie gestanden
habe. Ihm war es doch wohl lediglich ein äußer=
politisches Bündniß, und von allen nationalistischen
Empfindungen blieb er hier frei. Er ist bis zuletzt
der preußisch=deutsche, der kleindeutsche Staatsmann
geblieben, als der er groß geworden war; Ruß=
land wie Oesterreich gegenüber verharrte seine
Stimmung und sein Urtheil auf dem Boden der
sechziger Jahre[1]). Von diesem aus hat er der zu=
künftigen deutschen Politik, wie er sie haben wollte,
ihre Bahnen mit der ganzen Großartigkeit und
scheinbaren Selbstverständlichkeit seiner Erfahrung,
seines Weltblickes, seiner diplomatischen Feinheit
vorgezeichnet. Und noch Eines muß man feststellen.

---

[1]) Vergl. besonders I, 350; II, 45 (dazu wohl im selben
Sinne wie ich Meinecke 289; vgl. jetzt Lenz), 77, 235 ff., 244 f.,
253 ff., 266 f. Dem gegenüber vermag ich, ebenso wie Kohl,
Wegweiser 6, die angeblichen Aeußerungen Bismarcks zu
Bucher, die in der Kölner Wochenschrift „Das neue Jahr=
hundert" (31. December 1898) erschienen sind, nicht für zu=
verlässig zu halten und bin in dieser Meinung durch die Ver=
theidigung (ebenda 14. Januar 1899) nicht erschüttert worden.

Alle diese Rathschläge halten sich im Rahmen euro=
päischer Politik, von Colonial= und Weltpolitik
hören wir nichts. Auch dieses Schweigen ist doch
wohl bedeutsam, zunächst wieder für die kritische
Richtung von Bismarcks Gedanken nach 1890,
darüber hinaus aber zweifellos auch für seine
positiven Anschauungen im Ganzen. Er, dessen
große Wirksamkeit das deutsche Leben so unermeß=
lich erweitert und der das neue Reich dann noch
selber in jene Colonial= und Weltpolitik hinaus=
zuführen begonnen hatte, blieb trotzdem, das ist
sicher, auch in dieser Hinsicht der Hauptsache nach
innerhalb der Kreise seiner Manneszeiten stehen.
Er behielt Deutschland vornehmlich doch als con=
tinentale, nicht als universale Macht vor Augen. —
Ganz gewiß, die „Gedanken" sind ein kost=
bares Vermächtniß für unsere Politiker und für
unser Volk. Man wird aus ihnen immer wieder
und überaus viel zu lernen haben. Ich möchte
den oft gebrauchten Ausdruck, daß sie ein politisches
Testament enthielten, dennoch nicht ohne Ein=
schränkung wiederholen. Für ein volles Testament
unseres größten Staatsmannes scheint es mir ihnen
trotz Allem an der Allseitigkeit und Geschlossen=
heit zu fehlen: sie bedürfen aus seinem eigenen
Leben, aus seinen Schriften und Reden auch dafür
erst der mannigfaltigsten Ergänzung. Und ihre
Wirkung auf die Hunderttausende und die Millionen
vermag ich mir auch nur ganz mittelbar vor=
zustellen: das Werk, wie es ist, und so reich und

groß es ist, ist nicht ganz leicht zu lesen und zu
nutzen. Es verlangt Menschen, die, in einem nicht
gewöhnlichen Maße, zu lesen und richtig zu lesen,
Empfänglichkeit und Selbständigkeit zu vereinen,
überall aber durch die bewegte Oberfläche des
Buches in die Tiefen der Absicht und der Persönlichkeit hinab zu blicken verstehen.

XIII.
Die Persönlichkeit. Ihr Verhältniß zu ihrer Zeit.

Das ist zuletzt der höchste Ertrag, den wir dem
Buche Otto von Bismarcks verdanken: seine Darstellung der Bismarckschen P e r s ö n l i c h k e i t
selbst — nicht in dem, was es über sie erzählt und
behauptet, sondern in dem, was sie hier thut und
redet, wie sie vor uns hintritt, was sie ist. Auch
die lehrende und erziehende Wirkung des Buches
ruht doch am allersichersten in diesem Eindrucke
der Person an sich: mit ihrem unverbrüchlichen
Wirklichkeitssinne, ihrem stolzen Verantwortlich-
keitsgefühle, ihrem Willen und ihrem Muth, mit
ihrer Sammlung des ganzen Wesens auf Staat
und Volk, auf Entschluß und That. So haben
wir ihn gekannt, und so erscheint er auch hier.
Er ist auch hier noch immer der Gewaltige, der
alle Anderen hoch überragt. Freilich, er ist der
Entlassene, der Sechsundsiebzigjährige, von dem
Bucher (bei Busch, III, 307) geklagt hat, „die alte

‚Wurstigkeit' im vornehmen Gefühle der Leichtig=
keit und Ueberlegenheit, im sorglosen Blick von der
Höhe" sei ihm abhanden gekommen. Dennoch ist
es noch der ganze Bismarck; und wenn der vor=
herrschende Klang seiner Erinnerungen, der Klang
von Bitterkeit und Trauer, so Manchen überrascht
hat, so lag die Schuld daran nicht bei Bismarck.
Denn das ist sein Ton auch früher schon gewesen,
wenn er von seinem Leben und dessen Kämpfen
sprach. „Bismarck zürnt im Gezelt" — so klingt
es Conrad Ferdinand Meyer 1881 auf seinem
Alpenpasse vom Telegraphendrahte herunter ins
Ohr, und den Vergleich mit Achill, den der
Dichter da andeutet, hat schon während des
französischen Feldzuges Herr von Keudell einmal
gezogen. Von den Klagen und Anklagen in den
Parlamentsreden will ich nicht sprechen. Schon
frühe aber begegnet auch in den Unterhaltungen
des Kanzlers eine erhabene Schwermuth, ein Welt=
schmerz, der Busch (1877, II, 467) befremdete; wie
wenig Glück habe er gestiftet und geerntet! Er hat
1883 und 1887 von der Dauer seines Werkes mit
melancholischem Zweifel gesprochen; nicht erst aus
der Zeit der Zurückgezogenheit also stammen diese
resignirten Klagen, die aus dem Munde des
Achtzigers so ergreifend erschollen sind. Und wie
alt ist seine Sehnsucht nach Ruhe! Er hat sie mit
Friedrich dem Großen getheilt, und sie war bei
beiden sicherlich echt: nur Bismarck ist es beschieden
gewesen, die Probe darauf zu machen, und zu

10*

erleben, daß er die Ruhe noch hundertmal weniger ertragen konnte als zuvor den oft gescholtenen Kampf. Es war eben doch so[1]): er konnte ihn nicht entbehren; nur im Kampfe, im politischen Ringen lag sein Glück, und der Kampf, bitter und zornig empfunden, ließ es ihm erscheinen als eine Qual. Die Rastlosigkeit des Genius war in ihm, der immer handeln muß, dem die That Alles ist, das Gethane und Erreichte nichts, der unersättlich weiter und weiter dringt, immer schaffend und dennoch „unbefriedigt jeden Augenblick", der „Qual und Glück im Weiterschreiten" allein findet. So hat unser politischer Genius den Helden unseres größten Dichters, den Faust zumal vom Schlusse des zweiten Theiles, zu ergreifender Wahrheit gemacht — nur daß über seinen Greisentagen der Schimmer schwer errungener, aber doch noch siegreicher, Goethescher Versöhnung am letzten Ende nicht geleuchtet hat. So grenzenlos die Fülle seiner Erfolge und seiner Segnungen gewesen ist, das Bewußtsein davon gab ihm kein Glücksgefühl. Er hat bis zuletzt die Gegner und die Mühsale seiner Lebensarbeit grollend beschuldigt, daß sie seine Kraft zerrieben und ihn krank gemacht hätten: so hat er es ehrlich gefühlt. Er vermochte nicht zu erkennen und nicht zu glauben, daß der eigentliche Quell seiner Schmerzen in seiner eigenen Brust strömte: in jenem heißen, ewigen Streben seiner Natur, das

---

[1]) Zu Bismarcks Gedächtniß, S. 133.

ihn gerade zu ihm selber machte, und aus dem ihm Alles emporquoll, seine Größe und seine Kämpfe und auch seine Einzigkeit und Einsamkeit; denn er war Wirker und Herrscher von innerstem Beruf und konnte nur Eine Stelle haben: über seiner Welt.

Das ist ja die unvermeidliche Einsamkeit aller Heroen unseres Geschlechts. Ihn hat ein fein= sinniger Beurtheiler noch in anderem Sinne inner= halb seiner Zeit einsam und einzigartig genannt[1]). Bismarck, so meint er, empfindet anders als seine Zeit; er ringt nicht mit sich selber nach einem harmonischen Lebensideal, er dient nicht Principien und Doctrinen, sondern lediglich ganz einfachen objectiven Mächten, weil er diese als lebensfähig und stark erkennt, und nicht aus theoretischer Ueberzeugung. Er bringt sie — z. B. leitendes Königthum und Selbständigkeit der Einzelnen — nicht nach dem Hange des Jahrhunderts in ein System, sondern sieht immer nur das Lebendige und Concrete. Alles an ihm ist großartige Ein= fachheit und Ungebrochenheit der Instincte. „Er ist das Kind einer älteren Culturperiode, er ist mehr ein Held Shakespeareschen als Goetheschen oder Schillerschen Schlages." Vieles an diesen höchst interessanten Aufstellungen berührt sich mit mancher Beobachtung, die auch in diesen Aufsätzen gemacht worden ist; ich habe früher[2]), indem ich

---

[1]) Friedrich Meinecke in der „Historischen Zeitschrift", S. 289 ff.

[2]) Hohenzollern=Jahrbuch) 1898; zu Bismarcks Gedächt=

Bismarck den romantischen Legitimismus ab=
sprach, den Ausdruck gebraucht, daß sein historisch=
monarchisches Gefühl wie jedes Gefühl in ihm
mit realistischem, greifbarem Inhalte angefüllt
war, und habe oben (unter VI) zu erweisen gesucht,
wie ihm als Schriftsteller alle allgemeinen Ge=
walten doch nur unter dem Gesichtspunkte des
Handelns, meistens seines Handelns, als Stoff
für den gestaltenden Staatsmann in Betracht
kamen. Meineckes Anregung indessen, wie man
sieht, führt doch erheblich weiter; ich gehe dem
Verhältnisse des Mannes zu seiner Zeit,
theilweise im Sinne jener Fragestellung, hier noch
zusammenfassend nach.

Da drängt sich, über allen den schneidenden
Widersprüchen von Hitze und Kälte, von Selbst=
herrlichkeit und Selbsteinordnung, die in diesem
großen Menschen schroffer neben einander stehen
als in jedem sonst, als erster und stärkster Ein=
druck die stählerne Einheit seines Wesens
auf, die jene Widersprüche unbedingt zusammen=
hält und beherrscht. Er ist, trotz allem, durchaus
ein Mensch aus Einem Gusse; in der That ganz
frei nicht nur von aller der unreifen, sprunghaften
Willkür und Zerrissenheit, sondern auch von der
reiferen Reflexion, dem theoretischen Zuge des
„modernen" Menschen, wie dieser die Bildung des

niß, S. 140. Dort auch bereits der Grundstock der hier folgen=
den Gedanken und eine vollere Ausführung eines Theiles davon.

scheidenden Jahrhunderts vornehmlich getragen hat,
von dessen Bedürfniß, sich selbst und die Welt mit
analysirender Kritik zu durchdringen und sich seine
Anschauung dann ordnend und steigernd zur Doctrin,
zum Ideale zu gestalten. Er ist vielmehr elementar,
unreflectirt, der Praktiker, trotz aller äußersten Fein=
heit und Vielgewandtheit des Geistes als Ganzer
einfach, in der Bethätigung seiner colossalen Kraft
durch keine Lehren, keine Illusionen geleitet oder
gehemmt, nichts an ihm von des Gedankens Blässe
angekränkelt, alles auf Willen und That und ein=
fach große Ziele gerichtet, wirkend wie eine Natur=
kraft, mit ungeheurer Sicherheit und Energie, die
alle politischen Mittel, auch die der Gewalt und
der List, rücksichtslos in ihren Dienst stellt; ein=
heitlich und machtvoll bis zur Furchtbarkeit und
zur Erhabenheit.

Es ist indessen schon jetzt überaus reizvoll und
wird, je besser wir sehen lernen, je mehr wir er=
fahren werden, immer reizvoller werden, den Ver=
bindungen dieser Individualität sonder Gleichen
mit ihrer Umwelt im Feineren nachzuspüren. Denn
natürlich, die Verbindungen und Abhängigkeiten
bestanden doch auf allen Lebensgebieten, und sie
waren doch keineswegs gering — auch wenn es
wahr bleibt, daß aller Inhalt der Zeit in ihm
seine im höchsten Maße besondere Art und Form
annahm.

Die seelischen Entwicklungskrankheiten, auch
die der geistigen und religiösen Bildung,

hat auch er durchgemacht; es ist schon bemerkt
worden, wie wenig wir davon leider wissen, und
wie wenig zumal er davon überliefert hat. Es
waren, so mag man sagen, fremde Elemente, die
sein Blut wieder ausgesondert hat. Den „Pantheis=
mus", den religiösen Zweifel hat er immerhin erst
als Dreißigjähriger ganz überwunden. Andere
Einflüsse wirkten sein Leben lang in ihm nach:
er hatte noch die volle Schule des literarischen
Zeitalters genossen, und sein Goethe ist ihm lieb
und werth geblieben. In Versailles hat er dem
Goetheschwärmer Abeken in seiner charakteristischen
Art erwidert, drei Viertel vom Goethe wolle er
ihm schenken. „Das übrige freilich — mit sieben
oder acht Bänden von den vierzig wollte ich wohl
eine Zeit lang auf einer wüsten Insel leben."
(Busch II, 29). Nach seiner Entlassung hat er das
ja wohl wahr gemacht und seine Klassiker von
Neuem durchgenossen. Wie viel Nahrung hat seine
Sprache, erdwüchsig wie sie ist, zugleich aus der
Feinheit seiner literarischen Bildung gezogen! Es
ist oft gesagt worden, daß in ihm selber ein großes
Stück angeborener Künstlerschaft war, und daß
sein Wesen, wenn er daheim war und ausruhte,
in der bezaubernden Feinheit und Anmuth der
Haltung und des Wortes den Eindruck des Kunst=
werkes machte. Man braucht jedoch nur den alten
Goethe und den alten Bismarck neben einander zu
denken, um die Kluft zu ermessen, die den großen
Staatsmann von der Welt des großen Humanisten

trennte; der tiefe Unterschied zwischen den Denk=
würdigkeiten der beiden Männer ist schon berührt
worden. Bismarck hat freilich auch sein Persön=
lichkeitsideal gehabt und nie vermocht, darauf zu
verzichten. Wie gern möchte man die Einflüsse
sondern können, die ihn in seiner Jugend da mög=
licher Weise getroffen haben! Aber gewiß, von dem
ethischen und ästhetischen Hauche, der den Persön=
lichkeitsglauben des Goethe'schen Humanismus trug,
tritt bei Bismarck nichts zu Tage; sein Indivi=
dualismus, wie er uns an dem Fertigen entgegen=
tritt, ist von den Zeitgedanken völlig frei. Mit
dem modernen Wesen steht er eher im Gegensatz;
die großen Städte ertödten die Individualität, sagt
er (Busch I, 348) am 3. November 1870, auf dem
Lande bleibt man natürlicher und selbständiger.
Sein Persönlichkeitszug ist in der That der uralte
und rein thatsächliche des Landbewohners, des Land=
edelmannes. Von der Anerkennung einer Heilig=
keit der Individualität an sich, von der grundsätz=
lichen Schonung des Persönlichen im Anderen ist
keine Rede. Auch sein Christenthum hat ihn dazu
keineswegs geführt. Es ist außerordentlich schwer,
es recht zu erfassen. Er hat es von den „Pietisten"
der vierziger Jahre übernommen und ja noch Jahr=
zehnte später die Andachtsbücher der Brüdergemeinde
auf seinem Nachttische liegen gehabt: es ist einer der
Punkte, wo er am sichtbarsten mit einer allgemeinen
Richtung der Zeit und am sichtbarsten gerade mit
einer ihrer allgemeinsten Mächte im Zusammen=

hange steht. An der Tiefe und Lebendigkeit seiner Religiosität kann gar kein Zweifel sein[1]); aber auch sie hat keinen principiellen, sondern einen ganz thatsächlichen Charakter gewonnen. Sie dient ihm, sie hält ihn, sie weist ihm die Wege seiner Pflichten und entlastet ihm die Seele von der furchtbaren Verantwortlichkeit seines Lebens, die er allein, ohne seinen Gott, nicht zu tragen vermöchte. Aber sie modelt sich völlig nach den maßgebenden, elementaren Bedürfnissen seiner Person und seiner großen Aufgaben: man möchte sagen, sie dient mehr ihm als er ihr. Sie hat bei ihm keine Art kirchlicher Gebundenheit zur Folge gehabt; er hielt sich dem kirchlichen Leben ja wohl fern und hat sich in Erwägungen und Gesprächen gern und frei mit der neueren Naturwissenschaft beschäftigt. Darin nun enthüllt sich wieder eine der wichtigsten allgemeinen Beziehungen seiner Erscheinung. Friedrich v. Bezold[2]) hat den genialen Empiriker Bismarck, den Mann der Realitäten, den Feind der Gefühlspolitik, als echten Zeitgenossen Charles Darwins bezeichnet. Gewiß, die Entwicklung Bismarcks geht derjenigen der Naturwissenschaften parallel. Indem er sich von dem Geistigen, das seine Jugendbildung erfüllt hatte, mehr abwandte, indem ihm immer sicherer die Wirklichkeit

---

[1]) Ob sie später noch Schwankungen erfahren hat, wie mir erzählt worden ist, darüber wage ich nichts zu sagen.

[2]) In seiner schönen Bismarckrede vom 18. Januar 1899, Sonderabdruck aus der Bonner Zeitung. S. 7.

und insbesondere die Macht in den Vordergrund
rückte, erfuhr er dasselbe Erlebniß wie seine Zeit.
Er ist groß geworden mit einer Generation, die
auf allen Gebieten des Lebens und Denkens aus
dem Idealismus der Jahrhundertwende in einen
steigenden Realismus hinüberstrebte; und er ist
für Deutschland schließlich zum größten Vertreter,
zum Führer dieser Bewegung geworden, die doch
ihrerseits so alt war wie er selber. Er hat sie
in der staatlichen Welt zum Siege geleitet und sie
auf diesem und auf jedem Gebiete unendlich verstärkt, er hat ihr Wesen in sich am schroffsten und
größten durchgebildet und so auch auf ihr Inneres
gewaltig und ganz persönlich zurückgewirkt. Er
ist der Gipfel dieser allgemeinen Erhebung. Die
Abneigung gegen alles Abstracte, man möchte sagen,
gegen die einst allmächtige Philosophie, ist in ihm
zu Fleisch und Blut geworden: heute, wo jener
Strömung eine kräftige Gegenströmung zu er-
wachsen beginnt, richtet sich diese naturgemäß auch
gegen ihn, und auch nach seinem Tode bleibt er
noch immer der lebendigste und der streitbarste Vor-
kämpfer der Geistesart, die mit ihm triumphirte.
Auf diesem Gebiete, dem des Realismus, vor
Allem liegt ja jene Erziehungsarbeit, die er geleistet hat und immer wieder leistet. Auch alle
neuen Tendenzen, auch die, die ihn bekämpfen, stehen
unter dem Einflusse seiner Unterweisung: hier
gehen er und die eine große Kraft seines Jahrhunderts innig zusammen.

Und noch andere unter den allgemeinen Ge=
walten dieses Jahrhunderts bleiben für uns mit
seiner Gestalt verbunden, in seiner Gestalt ver=
körpert: die Gewalten, zu denen er selber sich so laut
bekannte, neben dem Christenthume Monarchie
und Staatsgesinnung, Preußenthum und
Deutschthum. Sein Name ist der Ausdruck
und das Symbol dieser Gedanken, er hat sie ge=
tragen und unermeßlich verstärkt. Das steht über
allem Zweifel: er hat, der Eine, Unzähligen hier
die Richtung gewiesen, ihnen ihr ganzes Empfinden
und Denken bestimmt, geklärt, befruchtet; als
historische Kraft steht seine Persönlichkeit, wie eine
eigene Großmacht, neben jenen ideellen Grund=
mächten unseres Daseins. Daß er alle diese
Ideale vertheidigt hat, lehren die Thatsachen;
zweifelhaft kann wieder nur sein, ob er selber
sie ebenso empfunden hat wie die überwiegende
Mehrzahl seiner Anhänger: nämlich als Ideale,
als absolute Gewalten, die auch das innerste Ge=
fühl des Einzelnen grundsätzlich, begeisternd er=
füllen und beherrschen.

Das Christenthum, von dem ich soeben schon
sprach, hat er selbst als solch eine absolute Gewalt
ausdrücklich für sich anerkannt. Er ordnet es allen
anderen über, er leitet seinen Royalismus gelegent=
lich (28. Sept. 1870, Busch I, 247) aus dieser und
nur dieser Quelle ab, er erklärt das Pflichtgefühl,
das Staatsgefühl ungläubiger Menschen als einen
verwandelten Rest des väterlichen Gottesglaubens.

Wie aber steht es mit seinem Monarchismus? Die Frage ist durch die Veröffentlichungen dieses Jahres wieder lebhaft aufgeregt worden, und ich selber habe sie anderwärts (s. o. S. 149, 2) behandelt. Hier nur ein kurzes Wort. Daß Bismarck einmal in warmem Gefühle Monarchist gewesen ist, haben wir (unter V) gesehen; daß er dann mit seinen Königen gerungen und sich seinem alten Herrn gegenüber, durch mancherlei Krisen hindurch, in persönlicher Liebe ein reines und volles Verhältniß ausgestaltet hat, ebenfalls. Die Kämpfe treten uns heute ganz besonders lebhaft vor das Auge; sie haben sich nach 1888 erneuert und verschärft. Bis= marck selber hat damals in den Denkwürdigkeiten (II, 291) drei Stufen monarchischer Gesinnung unterschieden. „Ein gewisses Maß der Hingebung wird durch die Gesetze bestimmt, ein größeres durch politische Ueberzeugung; wo es darüber hinaus geht, bedarf es eines persönlichen Gefühls von Gegen= seitigkeit..." Für sich selber hat er, als „principielle" Grundlage der ganz persönlichen „Treue", die ihn mit Wilhelm I. verknüpft hat, doch einen „über= zeugungstreuen Royalismus" in Anspruch ge= nommen. Royalistisch gewirkt hat er, bei aller Opposition und all der Schärfe, die diese bei ihm nun einmal von Natur wegen immer an sich trug, sogar nach 1890. Das Wahrzeichen monarchistischer Ueberzeugungen ist er, auch hier wieder, geblieben. Sein persönliches Empfinden allerdings ist auf diesem Gebiete, welches das seiner praktischen

Thätigkeit nächste und zugleich immer das persön=
lich schwierigste gewesen war, von starken Gegen=
sätzen beeinflußt worden. Er ist sich immer seiner
persönlichen und sachlichen Ueberlegenheit bewußt
gewesen; er hat Widerstände und Einflüsse be=
kämpfen müssen, die ihm unberechtigt erschienen;
der unvermeidliche Widerspruch zwischen Geburt
und Genius wurde ihm bitter fühlbar und hat
ihn zu leidenschaftlichen Ausbrüchen getrieben. „Ja,
wenn man (selber) Landgraf wäre!" (Busch I, 473).
Der naive Glaube an die Monarchie hat sich da
freilich nicht in ihm behauptet; dazu sah er die
Dinge zu persönlich vor sich. Und von rückhalt=
losem, theoretischem Legitimismus wird man bei
Bismarck wohl für keine Periode seines Lebens,
sicherlich für keine Periode seiner activen Staats=
mannschaft sprechen können. Dennoch scheint mir
aus Vielem hervorzugehen, daß er die monarchi=
schen Schlagworte, die er natürlich manches Mal
tactisch ausnutzte und nach dem Bedürfnisse des
politischen Kampfes zuspitzte, doch keineswegs nur
als Schlachtruf, als Machtmittel verwendet hat,
sondern daß es ihm tiefes Seelenbedürfniß war,
ganz königlich, ganz Hohenzollerisch sein zu können.
Es ist da außerordentlich schwer, die feinen Nuancen
von Absicht und Absichtslosigkeit in seinen Aeuße=
rungen zu treffen. Aber das sieht man, indem er
etwa mit Busch redet, wie es ihm lieb war, sich
in den achtziger Jahren so ganz rückhaltlos könig=
lich oder kaiserlich äußern zu dürfen: wenn er da

immer wieder hervorhebt, daß er sich seinen
Herrschern zum Dienste bis auf das Letzte ver=
pflichtet fühlt; wenn er (16. November 1881,
III, 57) die Reihe aufstellt, daß er erst Royalist,
dann Preuße und Teutscher sei — vor einem
Hörer, auf den er immerhin wirken wollte, dem
er aber doch auch seine zornigen Wallungen, so oft
er dem Herrscher grollte, mit aller Rückhaltlosig=
keit mitgetheilt hat. Ich habe den Eindruck, daß
ihm das preußische Königthum doch mehr als bloß
„die gesundeste und kraftvollste Lebensmacht seiner
Umwelt" war. Wäre es im Absterben gewesen,
so hätte er sich vielleicht von ihm loszulösen ver=
mocht; thatsächlich aber war es zwar die feste
Gewalt, mit der er rechnen und von der aus er
handeln mußte, aber sein Herz haftete doch auch
ganz innerlich daran, und sein Bewußtsein, das die
für ihn entscheidenden Dinge sonst so gerne einfach
sah, kam eben deshalb gerade hier niemals ganz
aus der inneren Gespaltenheit heraus: hier war
eben der Boden, in dem die Wurzeln seines Wesens,
seines Gefühlslebens steckten.

Ich habe [1]) nachzuweisen gesucht, daß auch das
Preußenthum in aller seiner historischen Besonder=
heit stets der Grundton von Bismarcks Art ge=
blieben ist, auch seit den Zeiten seines Eintrittes
in ein bewußtes Teutschthum. Daß er dabei
Teutscher geworden ist, diese Wandlung wird

---

[1]) In dem Gedächtnißbuche 146, 171.

Niemand bestreiten und Niemand in ihrer Be=
deutung verkleinern wollen. Uns bleibt er die
menschgewordene Nation. Auch in seinem natio=
nalen Denken, meint Meinecke, sei keine Spur von
Doctrin und Theorie gewesen, „nur Lebensmacht
und Lebensbeobachtung". Ich wage sein Gefühl
in dieser Hinsicht nicht zu bestimmen, vielleicht
vermögen es die, die ihm nahe standen. Doctrinär
oder sentimental wird auch die nationale Ge=
sinnung in ihm natürlich nicht gewesen sein; aber
sollte sie nicht doch sein persönliches Empfinden mit
steigender Wärme durchdrungen haben? Er lebte
und webte doch in der Schöpfung, die er vollendet
hatte; man vermag es sich nicht anders zu denken,
als daß sie in seine Ueberzeugungen, in sein ganzes
Wesen eingegangen ist.

So kehren, scheint mir, auch in seinem Leben,
dem äußeren und auch dem inneren, die allgemeinen
Mächte seines Zeitalters, deren für ihn wichtigste
wir überschauten, wieder, wenngleich in verschiedener
Stärke und Weise. Aus manchen ist er herausge=
wachsen, andere hielt er in sich fest. Die Eigenart
seiner Stellung liegt doch wohl vornehmlich,
mehr als in seiner Auffassungsweise, in der Größe
seiner Individualität und in der Art seines Be=
rufes begründet. Bismarck hat öfter versichert,
daß es für sein Streben immer nur Einen Leit=
stern gegeben habe: das Wohl der Gesammtheit.
Da hat sein eigentliches „Ideal", seine „Ueber=
zeugung" gelegen; ihr hat er alle anderen, engeren

Gefühle und Rücksichten schließlich ein= und unter=
geordnet. Er aber hatte nicht über und für diese
Gesammtheit zu denken, sondern für sie zu handeln;
er war Praktiker: in der Macht, die er zu hand=
haben hatte, in der staatlichen Macht stellte sich
ihm das Gesammtinteresse dar. Und Er hatte sie
zu handhaben, nur Er konnte es: er setzt sich selbst
und die Gesammtheit, sich selbst und die Sache
gleich. Das thun ja alle großen und schöpferischen
Menschen; sie vermögen bei sich selber Person und
Aufgabe nicht zu trennen; und der Historiker weiß
niemals genau zu sagen, was ihrem Wirken den
stärkeren Antrieb gibt, das Gebot der Aufgabe, die
sie erkennen und ergreifen, oder das Gebot der
persönlichen genialen Kraft, die ihre Bethätigung
fordert. In Bismarck war beides riesengroß. Die
Welt, in der er lebte, war so fest gefügt, daß es
für ihn von vornherein selbstverständlich war, daß
er seine Kraft nur im Dienste ihrer allgemeinen Ge=
walten bethätigen konnte, nie im eigenen Dienste;
und er hat, mit Bewußtsein, jenen gedient. Aber
indem er das that, hat er zugleich geherrscht: er
hat keine Möglichkeit eines Auseinanderfalles seiner
Bestrebungen und Wünsche und des Gesammtwohles
anerkannt. Er haßte die Gegner seiner Krone, seines
Staates, seines Volkes mit persönlichem Ingrimm,
und er verurtheilte wiederum die Gegner seiner
Pläne und seiner Person als Feinde des Ganzen.
Mit klarem Bewußtsein von seiner Einzigartigkeit
und seinem persönlichen Rechte, und doch mit elemen=

tarer Selbstverständlichkeit, mit einer Art grandioser
Naivität vollzieht er jene Gleichsetzung; sie erfüllt'
ihn durchaus. Deshalb ist auch der Ausdruck seines
Martyriums im Dienste des öffentlichen Wohles,
wie es sein Buch schildert, und der Eindruck dieser
Schilderung auf uns so vollkommen echt und so
hinreißend. Nur der Genius vermag in Ehrlichkeit
so zu empfinden und die Welt von seiner Empfindung
zu überzeugen. Es ist eben die Größe, wie sie so hoch
über dem Mittelmaße dahinschreitet, die uns naiv
erscheint; Naivität hat Heinrich von Treitschke so
oft als das Kennzeichen des wahren Genius gefeiert.
Sie deutet freilich, wann und wo sie immer auf=
tritt, zugleich aus der Complicirtheit unseres
Seelenlebens in das Elementare früherer Jahr=
hunderte hinauf. Und wie wir ihn vor Augen
haben, in seiner Arbeit und in seinem Hause, in
der täglichen Welt, der seine tiefste Liebe gehörte,
in seinem Verkehr mit Weib und Kind, mit Feld
und Wald, in seiner schlichten Naturfreude und
seiner unermeßlichen Vertrautheit mit allem Wirk=
lichen und Greifbaren; und daneben in seinem
Zorne und seiner Schroffheit, der dahinbrausenden
Kraft seines gewaltigen Temperamentes — so
fühlen wir in ihm den ewig germanischen Zug,
wie er auf seinem theuren, niedersächsischen Boden,
den er so oft gepriesen hat, die Großen der alten
Tage beseelte; so mag man wohl die ungebändigte
Naturgewalt der Shakespeareschen Helden, die
Schlichtheit und die Höhe Martin Luthers in ihm

wiederfinden; und so hat man die Reihe dieser
Ahnen seines Wesens durch den Streit und Stolz
unserer Kaiserzeiten bis auf Karl den Großen, ja
bis zu den Gestalten unserer alten Volkssage hinauf
verfolgt [1]).

Aber ist es deshalb wahr, daß seine Gestalt
in unserem Jahrhundert einzigartig und vereinzelt
wäre? Die Züge unserer im intensiven Sinne
modernen, geistigen Cultur trägt sie nicht, das ist
wahr, und es ist fruchtbar, wenn man dies betont.
Aber ist denn diese Cultur allein bezeichnend für
unsere Zeit? Ist denn das Complicirte, Theoretisch=
Bewußte allein modern? Die Männer des prak=
tischen Lebens werden zu einem überwiegend großen
Theile, denke ich mir, in Bismarcks Anschauungs=
weisen ihr eigenes Fleisch und Blut erkennen, nur
gesteigert in das Geniale; und ich habe darauf hin=
gewiesen, wie sehr der Aufstieg zu einem neuen
Realismus eine der leitenden Bewegungen gerade
unseres Jahrhunderts gewesen ist. Allen denen,
die diese mächtige Bewegung so breiter Lebens=
gebiete trägt, gehört Bismarck innerlich zu. Freilich,
noch mehr als alle Anderen werden im Besonderen
die Standesgenossen des großen Landedelmanns in
seiner Art sich wiederfinden; oder wenigstens: der

---

[1]) Ich habe hier auf das rein Persönliche, auf sein täg=
liches Leben, nur eben hindeuten dürfen: ich unterlasse nicht,
zu den älteren Zeugnissen aus diesem Gebiete die neuen des
letzten Bismarck=Jahrbuches (VI, 3 und 4) anzuführen: die
liebenswürdigen Briefe des Fürsten an seinen Sohn Herbert.

objective Beobachter wird in ihnen, im Landadel
die Brücke finden, durch die das eingeborene Wesen
dieses Einzelnen mit der Gesammtheit seines Zeit=
alters am Deutlichsten zusammenhing. Gewiß,
der Entwicklung unserer neueren, geistigen und
socialen Cultur steht dieser Stand mit einer Fülle
alter geschichtlicher Reste gegenüber; das Alte ist
im Landadel und ist in seinem größten Sohne stark
geblieben: allein dieses Alte haftet zum guten Theile
am Boden, in den natürlichen Bedingungen des
ländlichen Lebens, die dem Landbewohner gewisse
Eigenthümlichkeiten und, sagen wir es nur, auch
kostbare Vorzüge früherer Epochen erhalten haben
und wohl auch künftig erhalten werden.

Auch da also findet sich Bismarck, so über=
raschend er uns in Vielem berühren mag, im Zu=
sammenhange eines Standes, breiter, allgemeiner,
noch heute lebendiger Erscheinungen. Er ragt per=
sönlich aus diesem Stande hoch heraus. Ist aber der
elementare, untheoretische Zug, den wir an ihm
beobachtet haben, und der uns in dieser Stärke an
ihm als ein Stück alter Zeiten anmuthen möchte,
unter den Großen nur ihm eigen gewesen? Oder ist
er nicht am Ende, wie die heroische Naivität, das
Erbe jedes Großen, zumal jedes stärksten politischen
Genius, auch heute und auch in Zukunft? Hat
nicht auch in Männern wie Friedrich II. und
Cavour, den Aufgeklärten und Theoretikern, die
Wucht der angeborenen Kraft und der praktischen
Aufgabe alle Theorie gesprengt, sobald sie handeln

und kämpfen mußten? Sind nicht auch da vor
der herben Wirklichkeit des Staates und der Macht
alle Ueberzeugungen, alle Doctrinen, alle Fein=
heiten des modernen Bewußtseins einfach zu Boden
gefallen? Sollte nicht das ganz Thatsächliche, das
ungetheilt Persönliche, d. h. also ein rücksichtsloser
Naturalismus der Anschauung, der That und der
Selbstdurchsetzung, bei den starken handelnden
Menschen immer, in jeglicher Epoche, mächtiger sein
und allezeit mächtiger bleiben als das Allgemeine,
das Principielle? —

Die „Gedanken und Erinnerungen" haben uns
weit hinausgeführt. Und wenn in diesen Betrach=
tungen neben dem scharf Besonderen an ihm zumal
das hervorgehoben worden ist, was Otto von Bis=
marck mit seinen Zeitgenossen, mit uns gemeinsam
ist, so wird das natürliche Gefühl sehr Vieler
geneigt sein, das Gemeinsame noch weit voller und
rückhaltloser zu empfinden und Bismarck noch viel
unmittelbarer für sich selbst in Anspruch zu nehmen.
Die wissenschaftliche Reflexion, das wiederhole ich,
maßt sich nicht an, hier schon heute alle Fragen
zu ergreifen oder gar rund zu lösen. Es ist ihr
Recht und ihre Pflicht, sie zu erörtern; wo immer
wir dem Gewaltigen tiefer nachfragen, da zeigt er
uns packende Räthsel; wie wenige der großen ge=
schichtlichen Gestalten reizt er den psychologischen,
den künstlerischen Trieb — für jetzt und stets einer
der vornehmsten Gegenstände der Forschung und der
Speculation. Dem Verstorbenen hätte solche Unter=

suchung schwerlich zugesagt. Und auch uns, die wir ihn so befragen und an ihm deuten, bleibt der große Schatten unverrückt und unverkleinert über unsere Welt gebreitet. Wie immer er, da er lebte, deren Kräfte und Aufgaben in seinem tiefsten Innern angesehen und empfunden haben mag — das ist gewiß, daß sie ihrerseits zu ihm in tausendfältigen engen Beziehungen verharrt, daß er ihr lebendig und gegenwärtig bleibt als Inbegriff einer Epoche, einer Weltanschauung, eines unsterblichen Ideals. Alles Neue muß sich mit ihm auseinandersetzen; auch die bereits berufen sich auf ihn, deren Sehnsucht über das von ihm Geschaffene, über die Schranken seines Reiches in National= oder Weltpolitik hinausdrängt, und man kann es ihnen nicht verbieten. So ist auch Martin Luther nicht nur geblieben, was er unmittelbar und zu seinen Zeiten war, sondern er ist zugleich ein Quell unendlicher Weiterentwicklung geworden, fortwirkend, selber stets erneuert und stets wachsend durch die Jahrhunderte hin. Wir suchen in Fürst Bismarck die Begrenztheit des Zeitlichen und Persönlichen mit unterscheidender Erkenntniß zu bestimmen: und fühlen doch in ehrfurchtsvollem Schauer um seine Gestalt den Hauch des Weltgeschichtlichen, des menschlich Ewigen wehen.

Register*).

I.

*) Ich füge, einem Wunsche der Herren Verleger folgend, dieses Register gern bei: es wird, während meine Abhandlung sich im Wesentlichen an den Gang der Bismarckischen Darstellung hält, eine systematischere Uebersicht über den Inhalt des Bändchens ermöglichen und manche der wichtigeren Einzelheiten leichter auffindbar machen.

II. Bismarck

Nachtrag zu S. 11 Anm.

Einer mündlichen Mittheilung Hans Delbrücks entnehme ich, daß über die Entlassung Buschs im Jahre 1873 und den von ihm dabei auf Bismarck geübten Druck inzwischen neue und für Busch nachtheilige Zeugnisse hervorgetreten sind, die ja wohl auch an die Oeffentlichkeit gelangen werden; erst sie werden die Frage spruchreif machen.

Pierer'sche Hofbuchdruckerei Stephan Geibel & Co. in Altenburg.